农产品品牌建设研究

——以浙江省农产品品牌建设为例

黄剑峰 著

中国原子能出版社

图书在版编目（CIP）数据

农产品品牌建设研究 ：以浙江省农产品品牌建设为例 / 黄剑峰著. -- 北京 ：中国原子能出版社，2024.

7. -- ISBN 978-7-5221-3532-8

Ⅰ. F304.3

中国国家版本馆 CIP 数据核字第 2024RR9055 号

农产品品牌建设研究——以浙江省农产品品牌建设为例

出版发行	中国原子能出版社（北京市海淀区阜成路 43 号 100048）	
责任编辑	杨　青	
责任印制	赵　明	
印　　刷	北京金港印刷有限公司	
经　　销	全国新华书店	
开　　本	787 mm×1092 mm　1/16	
印　　张	14	
字　　数	209 千字	
版　　次	2024 年 7 月第 1 版　2024 年 7 月第 1 次印刷	
书　　号	ISBN 978-7-5221-3532-8　　　定　价　72.00 元	

发行电话：010-68452845　　　　　　　版权所有　侵权必究

前　言

在我国农业迈向现代化发展的关键阶段，农产品品牌建设已成为推动农业转型升级、增加农民收入、保障食品安全及提升我国农业国际竞争力的关键因素。品牌的力量不容忽视，它不仅象征着农产品的品质和信誉，更是推动农业产业链优化、价值链提升及供应链整合的强大驱动力。在全球化浪潮下，农产品品牌建设与国家形象和软实力紧密相连。打造具有国际影响力的农产品品牌，可以提升我国农业在国际舞台上的地位和影响力，为全球农业发展和食品安全贡献中国力量。农产品品牌建设的成功并非一蹴而就，而是需要政府、企业和社会各界齐心协力，共同推进。

首先，政府在农产品品牌建设中发挥着举足轻重的作用。政府部门需要制定和完善相关政策法规，为企业提供优质服务和有力保障，营造公平竞争的市场环境。通过政策引导和资金支持，鼓励企业加强品牌建设和推广，提升农产品附加值和核心竞争力。其次，企业作为农产品品牌建设的主体，应当发挥积极作用。企业需要不断提高产品质量，树立品牌意识，创新营销手段，提升品牌形象。在追求经济效益的同时，注重社会责任，保障食品安全，为消费者提供绿色、健康、优质的农产品。此外，社会各界也应关注和支持农产品品牌建设。媒体可以加大宣传力度，提升公众对农产品品牌的认知度和美誉度。社会各界人士可以积极参与农业产业链的建设和完善，为农产品品牌建设提供智力、技术和资金支持。总之，只有政府、企业和社会各界共同努力，才能推动我国农产品品牌建设并取得成功。

本书第一章为农产品品牌建设概述，分别介绍了农产品品牌建设概念、农产品品牌特性及分类、农产品品牌发展现状、农产品品牌建设的意义四个方面的内容；第二章为农产品与农产品品牌建设的关系，主要介绍了四个方面的内容，依次是农业标准化与农产品品牌建设、农产品质量安全与农产品品牌建设、"三品一标"与农产品品牌建设、农产品加工与农产品品牌建设；第三章为农产品品牌建设流程，分别介绍了四个方面的内容，依次是农产品品牌规划、农产品品牌创建、农产品品牌培育、农产品品牌保护；第四章为农产品品牌建设策略，依次介绍了农产品品牌创建的途径、控制农产品品牌建设风险、农产品品牌延伸策略等三个方面的内容；第五章为农产品品牌的传播，主要介绍了三个方面的内容，分别是农产品品牌传播基础、农产品品牌传播的传统方式、农产品品牌传播的最新手段；第六章为浙江省农产品品牌建设创新实践，主要介绍了三个方面的内容，分别是横路村"忠粮余作"品牌设计、临安山核桃品牌形象设计、丽水"处士"品牌设计。

在撰写本书的过程中，笔者参考了大量的学术文献，得到了诸多专家、学者的帮助，在此表示感谢。本书内容全面，条理清晰，但由于笔者水平有限，书中难免有疏漏之处，希望广大读者及时指正。

目　录

第一章　农产品品牌建设概述

本章为农产品品牌建设概述，分别介绍了农产品品牌建设概念、农产品品牌特性及分类、农产品品牌发展现状、农产品品牌建设的意义四个方面的内容。

第一节　农产品品牌建设概念

一、农产品品牌

（一）农产品的概念

农产品是农业生产中的产物，主要包括种植业、畜牧业、渔业等生产的各类动植物产品和加工品。农产品是人类生存和发展的基础，是保障国家粮食安全和经济稳定的重要物资。

农产品的种类繁多，从粮食、蔬菜、水果、肉类、禽蛋、奶类到水产品等，涵盖了人们日常生活的各个方面。农产品的品质和安全直接关系到人们的健康和生活质量，因此，农产品的生产和加工过程需要严格遵循质量标准和安全规范。农产品还具有丰富的文化内涵和地域特色，反映了不同地区和民族的文化传统和生活方式。保护和传承农产品文化，不仅可以弘扬民族优秀文化，还可以促进农业可持续发展和乡村振兴。

（二）品牌的概念

品牌溯源：品牌（Brand）一词来源于古挪威文字"Brandr"，它的中文意思是"烙印"，因为当时西方游牧部落在马背上打上不同的烙印，用以区分自己的财产。这是原始的商品命名方式，同时也是现代品牌的来源（见图 1-1-1）。

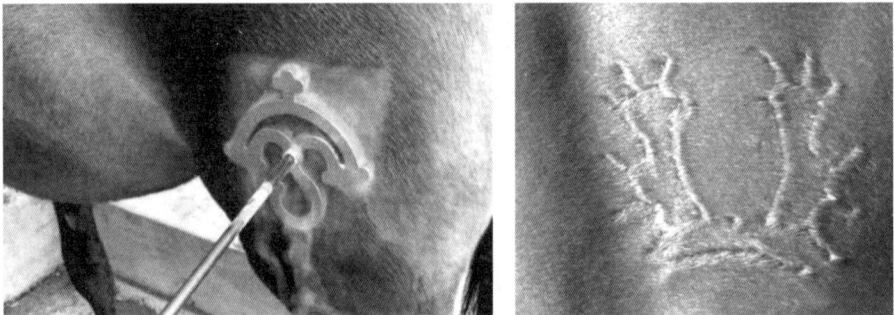

图 1-1-1　西方游牧部落马背上的烙印

1960 年，美国营销学会（AMA）给出了品牌较早的定义：品牌是一种名称、术语、标记、符号和设计，或是它们的组合运用，其目的是借以辨认某个销售者或某个销售者的产品或服务，并使之同竞争对手的产品和服务区分开来。

现代营销学之父科特勒在《市场营销学》中对品牌的定义为：品牌是生产者或销售者向购买者长期提供的一组特定的特点、利益和服务。

品牌最持久的含义和实质是其价值、文化和个性；品牌是一种商业用语，品牌注册后形成商标，企业即获得法律保护拥有其专用权；品牌是企业长期努力经营的结果，是企业的无形资产。简单地讲，品牌的现代意义是指消费者对产品及产品系列的认知程度。

　　品牌已是一种商品综合品质的体现和代表，当人们想到某一品牌的同时总会和时尚、文化、价值联系在一起。企业在创造品牌时也在不断地创造时尚、培育文化，随着企业的做强做大，不断从低附加值向高附加值升级，向产品开发优势、产品质量优势、文化创新优势的高层次转变。当品牌文化被市场认可并接受后，品牌才产生其市场价值。

（三）农产品品牌的概念

　　农产品品牌是指农产品经营者通过取得相关的质量认证和相应的商标权，以提高市场认知度，在社会上获得良好口碑的这样一类农产品标志，它可以用来证明农产品的所有权。

　　由此可见，取得农产品的质量认证，如无公害农产品、绿色农产品和有机农产品这样的三品认证，并且通过相应的商标注册获得商标权，是农产品品牌建设的两个必要条件。在此基础上，再通过宣传推广提高市场的认知度，在消费者中获得良好的口碑，这样的农产品才真正称得上是农产品品牌，如三只松鼠、褚橙、烟台大樱桃、文登西洋参、盱眙龙虾、乳山牡蛎等（见图1-1-2、图1-1-3）。

图 1-1-2　文登西洋参

图 1-1-3 乳山牡蛎

二、农产品区域品牌

农产品区域品牌指的是特定区域内相关机构、企业、农户等所共有的，在生产地域范围、品种品质管理、品牌使用许可、品牌行销与传播等方面具有共同诉求与行动，以联合提供区域内外消费者的评价，使区域产品与区域形象共同发展的农产品品牌。农产品区域品牌的建设对区域内相关产业及其整体经济的带动和支持有积极的意义，它有助于促进乡村产业振兴、农民家庭增收和农业企业发展。通过打造农产品区域公用品牌，可以整合特定地域内的农业产业资源，提高农业产业的组织化程度，推动农业生产要素向优势区域集中，从而促进特色农业的规模化、标准化、绿色化和专业化发展。农产品区域品牌包括农产品区域公用品牌和农产品企业品牌。

（一）农产品区域公用品牌

农产品区域公用品牌是指在一个具有特定自然生态环境、历史人文因素的区域内，由相关组织所有，由若干农业生产经营者共同使用的农产品品牌。该类品牌由"产地名＋产品名"构成，原则上产地应为县级或地市级，并有明确生产区域范围。如五常大米、西湖龙井、烟台苹果、寿光蔬菜、潍坊萝卜、宁夏枸杞、鱼台大米等（见图1-1-4、图1-1-5）。

图1-1-4　潍坊萝卜

图1-1-5　鱼台大米

（二）农产品企业品牌

农产品企业品牌是指特定区域内由一个企业注册、打造和权益独享的品牌，如乌江榨菜。

联合体农业企业品牌是联合体农业企业创建的具有自主知识产权的农产品品牌。它是农产品区域品牌的市场代表，更是直接参与市场竞争、赢得消费者认可的用户品牌。联合体农业企业品牌解决的是区域公用品牌"管的人不用、用的人不管"，成为"品牌公地"，假冒横行、透支信任，以及消费者不知选谁的问题，就像五常大米、阳澄湖大闸蟹。有了联合体企业品牌，消费者就能在市场上清楚找到区域品牌消费目标，市场就会得到有效管护，品牌才能持久发展。

三、农产品品牌建设

农产品品牌建设是指农产品经营者对农产品品牌进行规划、设计、宣传、管理的行为和努力，主要包括品牌定位、品牌规划、品牌形象、品牌延伸等过程。

第二节　农产品品牌特性及分类

一、农产品品牌特性

品牌的特性主要表现在以下七个方面。

（一）品牌具有排他性

品牌拥有者在经过法律程序的认定之后，便可真正地享有品牌的专有权，品牌独属于品牌拥有者所有，其他个人或者企业不能伪造或者仿冒品牌拥有者的专属品牌，否则会受到法律上的惩罚，这展现出品牌的排他性。

（二）品牌具有价值性

尽管品牌并不是一种有形的物质，但是它仍然具有价值性，对于企业来说，品牌是一种无形的资产。相对来说，拥有较好品牌的产品或服务往往就比没有品牌的产品或服务更容易受到人们的信赖，企业可以利用品牌更好地宣传产品或服务，不断开拓市场。同时，品牌本身还可以作为商品在市场上进行交易，品牌的价值性使企业能够获取更大的利益。

中国的农产品品牌创造虽起步较晚，但国内的农产品名牌发展较为迅速，很多农产品品牌的价值也很不菲。盘锦大米品牌价值达 529 亿元、赣南脐橙 680 亿元、金乡大蒜 218 亿元、洛川苹果 687 亿元、滕州马铃薯 158 亿元等（以上数据均来源于《中国农业品牌目录 2019 农产品区域公用品牌（第一批）价值评估榜单》，只保留整数位）。

（三）品牌转化具有一定的风险性

市场并不是一成不变的，随着时间的推移和社会的发展，市场一直在变化。在农产品的品牌成立之后，随着市场的变化，农产品品牌也在不断成长。在它成长的过程中，存在着一定的风险性。在这个时候，企业的品牌资本可能会随之发展壮大，还可能会发生萎缩，甚至退出市场。总而言之，这就要看企业品牌应对市场发展的抗风险性如何了。对于农产品品牌来说，导致风险的原因有很多，如农产品品牌资本未完全明晰消费需求和市场变化就盲目扩张、产品品牌资本的运作不佳、农产品品牌服务不过关、农产品质量出现异常等。这些原因的出现，使得农产品品牌效益的评估也呈现出一种不确定性，同时还给农产品品牌的维护带来一定的难度。

（四）品牌具有表象性

品牌本身是一种无形的东西，但是要将它呈现在消费者面前，给消费者留下深刻印象，就必须借助一定的物质载体来实现。这个物质载体可以分为两类，分别是直接载体和间接载体。对农产品品牌来说，它的直接载体有文字、符号、图案等，它的间接载体有产品知名度、产品服务、产品质量、产品的市场占有率、产品的美誉度等。农产品品牌必须通过物质载体才能够更好地对品牌进行宣传，才能够更好地在人们脑海中留下印象，这展现出品牌的表象性。优秀的农产品品牌在载体方面表现较为突出，如莓好庄园是一所集草莓种植、草莓采摘、草莓周边产品生产的农家庄园，庄园致力于成为京津冀地区最大的综合型草莓基地，同时带动本地区经济的发展。莓好庄园谐音美好庄园，为了对应草莓产品，设计者直接用两颗爱心巧妙组合成草莓的形状，意为美好的草莓。这不仅延展了 Logo 图形，设计出不同形式变化的草莓，还有利于统一传播，给人们独特的视觉感受（见图 1-2-1）。

图 1-2-1　莓好庄园 Logo

（五）品牌具有扩张性

农产品品牌的识别功能使得消费者能够迅速区分不同来源、品质的农产品，为企业提供了展示自身实力和市场开拓能力的平台。农产品品牌作为一种重要的无形资产，具有极高的扩张潜力。企业可以利用农产品品牌资本进行以下扩张。

1. 产品线扩张

在成功打造某一农产品品牌后，企业可以利用该品牌的影响力推出更多相关产品，从而丰富产品线，满足消费者的多样化需求。

2. 地域扩张

农产品品牌的地域扩张是指企业利用品牌的影响力，将产品推向更广阔的市场。通过在其他地区建立生产基地、销售网络等方式，企业可以将品牌的影响力扩展到更远的地区，实现地域扩张。

3. 产业链延伸

农产品品牌的建设不仅局限于产品本身，还可以延伸到产业链的其他环节。例如，企业可以利用品牌的影响力开展农产品深加工、农业旅游等业务，进一步拓展产业链，提高附加值。

（六）品牌具有多样性

农产品的品牌形式多种多样，这主要是由农产品的特点所决定的。具体来说，农产品的品牌表现形式包括品种标志、质量标志、狭义农产品品牌、农产品集体品牌等。在农产品市场中，农产品在上市之前，必须接受具备公信力的机构对其的质量评价。在接受完质量评价之后，农产品上要贴有地理标志和质量等级，标明最终的评价结果，以避免农产品市场的逆选择现象，促使消费者能够更方便地选择适合自己的农产品。

质量标志和地理标志都是显示农产品具有某些特有的自然和人文特色功能的农产品标志；种质标志是农产品种子品种的标志，种子决定产品，离开了种质标志，人们无法辨别该产品的属性和根源；集体品牌体现农产品的区域特征，帮助消费者了解农产品的出处；狭义农产品品牌是农产品质量、功能等特征的集中表现形式。

（七）品牌的脆弱性

相对于其他产品来说，人们对进口产品往往更加关注。因此，农产品的品牌更加具有脆弱性。当出现某些典型事件的时候,农产品的品牌很容易受到损害,如"毒大米""瘦肉精"等事件所引发的一系列后果。

(1)农产品质量的隐蔽性导致农产品质量监管难度大。一个品牌农产品一般有 30～50 项检测指标,使得农产品品牌随时都有风险,只要有个别样品出了问题,整个品牌都会受到牵连。

(2)农产品品牌的建设主体往往不止一个,除农业企业之外,还包括政府、行业组织、农户等。正是由于它的品牌参与主体比较多,过于复杂,在进行质量管理的时候,农产品品牌的各个主体之间在监管、协调等方面不相适应,这就容易导致农产品出现质量问题。

(3)相对于其他产品来说,农产品具有食用性特征,关乎着人们的生命健康安全。当某个农产品品牌的质量发生问题的时候,人们往往格外关注,更加容易在社会上产生恶劣影响,降低人们心中对某一农产品品牌的信任度。

(4)农产品的生物性特征也是农产品品牌易受损的原因之一,如鲜活农产品、新鲜蔬菜等,易腐烂、易变质,从而影响农产品的质量。

除了以上七点以外,农产品品牌的特性主要还表现在"一个前提、两大难点、一个误区"。

(1)"一个前提":规模与集中

我国地域辽阔,物产丰富,有着许多优质的农产品,但是在很长的一段时间内,这些农产品并没有获得人们更多的关注,主要原因就是这些优质农产品在本质上还处于高度分散的状态,并没有形成规模,即便是有品牌,由于体量较小,销售量较少,往往也不会形成多大的影响力。因此,要建设农产品品牌,在全国范围内扩大其影响力,使更多的人了解农产品品牌,就需要做好农产品品牌的规模与集中,这是大前提。

(2)"两大难点":一是低值易损包装难,二是高度均质差异化难

针对农产品品牌来说,通常情况下,它具有"低值、易损、不好保鲜、难以包装"的特点。相对于其他产品来说,农产品的利润往往并不高,因

此它具有低值的特点。而且，对于那些非深加工的鲜肉、水果、蔬菜来说，它们的保质期往往比较短，在很短的一段时间内就可能会腐烂变质，同时也难以对它们进行工业化包装，在运输的时候还可能会对其造成损坏，进而影响售卖。因此，对于农产品品牌来说，低值、易损、包装、难实属一大难点。

在市场上，品牌要想更好地进行营销，引起人们的注意力，激发人们的购买欲望，往往就需要做到差异化。但是，这对于农产品品牌来说并不是一件容易的事情。市场上的大部分农产品都存在着高度均质的特点，即存在着弱差异。主要来说可分为两种情况：第一，农产品的外观、口感、营养成分差别不大，高度趋同，难以分辨；第二，某种农产品的内在品质与其他农产品存在着很大的差别，但是在外观上难以发现，必须去试吃或借助仪器才可以发现其中的差别。

（3）"一个误区"：以产地为品牌，资源共享

非深加工的农产品，有许多是土特产品、名品甚至是珍品，如东北人参、西北枸杞、华北小枣，华东金华火腿，江西赣州脐橙、两广沙田柚等，这些正是"有品无牌"的重灾区。这些土特产品的出现，是依托于当地独特的气候、地理或者历史人文因素而产生、成长和著名的，因而这些产品在品牌营销中对产地有极强的依赖性和关联性，由此出现了两种极为普遍的现象：一是品牌喜欢以"产地＋品类"命名，如金华火腿、西湖龙井等；二是品牌所有权归属不清，产地资源共享。这样势必走进品牌公地困局，这是一个极大的误区。要想走出农产品区域公用品牌的困局，必须由政府主导，企业主营，采用政府、企业双轮驱动的新模式（见图1-2-2）。

二、农产品品牌分类

品牌可以依据不同的标准划分为不同的种类。

图 1-2-2　金华火腿商标

（一）根据品牌知名度和辐射区域划分

根据品牌的知名度和辐射区域划分，可以将品牌分为地区品牌、国内品牌、国际品牌。

1. 地区品牌

地区品牌是指在一个较小的区域之内生产销售的品牌，如地区性生产、销售的特色产品。这些产品一般在一定范围内生产、销售，产品辐射范围不大，主要受产品特性、地理条件及某些文化特性影响。这有点像地方戏种，秦腔主要在陕西、晋剧主要在山西、豫剧主要在河南等。从农产品的角度来说，地区品牌就是烟台大樱桃、萧山萝卜干、蒙阴光棍鸡、齐山蜜薯、金乡大蒜、鱼台大米、常山猴头菇等（见图 1-2-3）。

图 1-2-3　常山猴头菇

2. 国内品牌

国内品牌是指国内知名度较高，产品在全国范围销售的品牌，如宁夏枸杞、横县茉莉花、阿克苏苹果、乳山牡蛎、文登西洋参、烟台苹果等（见图1-2-4）。

3. 国际品牌

国际品牌是指在国际市场上知名度、美誉度较高，产品辐射全球的品牌，如佳沃猕猴桃、褚橙、中宁枸杞、老干妈辣酱、西湖龙井等（见图1-2-5）。

图 1-2-4　宁夏枸杞

图 1-2-5　西湖龙井

（二）根据品牌产品生产经营的不同环节划分

1. 生产商品牌

生产商品牌是指生产者为自己生产制造的产品所设计的品牌，如伊利、蒙牛等（见图1-2-6）。

图1-2-6　蒙牛

2. 经销商品牌

经销商品牌是经销者根据自身的需求和对市场的了解，结合企业发展需要创立的品牌，如三只松鼠、盒马鲜生等（见图1-2-7）。

图1-2-7　盒马鲜生

（三）根据品牌来源划分

1. 自有品牌

自有品牌是批发商或零售商自己创立并使用的品牌，用于区别其他品牌的商品或者服务。

2. 外来品牌

外来品牌是指企业通过特许经营、兼并、收购或其他形式而取得的品牌。

3. 嫁接品牌

嫁接品牌主要指通过合资、合作方式形成的带有双方新产品的品牌。

（四）根据品牌的生命周期长短划分

1. 短期品牌

短期品牌是指品牌生命周期持续较短时间的品牌，由于某种原因在市场竞争中昙花一现或持续一时。

2. 长期品牌

长期品牌是指品牌生命周期随着产品生命周期的更替，仍能经久不衰、永葆青春的品牌，如老字号品牌"全聚德"，也有国际长久发展来的世界知名品牌，如"可口可乐"等。

（五）根据品牌产品内销或外销划分

根据品牌产品的销售情况不同，可以将其划分为内销品牌和外销品牌。顾名思义，内销品牌主要针对国内市场售卖产品，外销品牌主要是针对国外市场售卖产品。世界上各个国家的地理位置、风情习俗、法律法规、文化科技等都存在着差异，有时候一种产品在本国与不同的国家市场上有不同的品牌。这种现状尽管不利于企业形象的整体传播，但是有必要的。

除了上述几种分类外，品牌还可依据产品或服务在市场上的态势不同而划分为强势和弱势品牌；依据品牌用途不同，还可划分为生产资料品牌和生活资料品牌等。

第三节　农产品品牌发展现状

一、国家层面农产品品牌建设的发展历程

农产品质量安全是关系到全体消费者健康的大事，农产品供给又关系到国家政治稳定、社会安定和经济发展。因此，各个国家对农产品的供给都非常重视。在农产品供给中既有量的供给也有质的供给，质的供给就是保障优质农产品的供给。农产品品牌是促进农产品质量提高的有效措施，是保障优质农产品供给的有效手段，也是促进农民增收、激励农民提供优质农产品的有效机制。农产品品牌建设本身涉及的主体较多，单纯依靠农业企业控制农产品质量、建设农产品品牌也很难收到较好的效果，客观上要求政府必须利用政策、法律来规范有关主体行为，以保证农产品质量水平和创建农产品品牌建设法制化、制度化。农产品品牌建设与工业品牌和服务业品牌相比具有受国家政策、法规影响大的特点。

2013 年 12 月 2 日，国务院办公厅印发了《关于加强农产品质量安全监管工作的通知》（以下简称《通知》）。《通知》的出台充分表明党和国家对农产品质量安全工作的高度重视和常抓不懈的决心。农产品质量安全是重大的民生问题，关系人民群众身体健康和生命安全，关系社会和谐稳定。党和国家对农产品质量安全问题高度重视，出台了《中华人民共和国农产品质量安全法》，制定了一系列相关制度规章，不断强化监管，连续多年开展农产品质量安全专项整治行动。同时，《通知》是落实国务院机构改革和职能转变、完善食品安全监管体制的重要举措，提出要建立健全农产品质量安全全程监管制度机制。

2016 年，中央一号文件在农业品牌化方面作出"实施食品安全战略"的部署，强调要创建优质农产品和食品品牌，明确指出推动农产品加工业转型升级，培育一批农产品精深加工领军企业和国内外知名品牌。

2016 年，国务院办公厅发布《关于发挥品牌引领作用推动供需结构升级的意见》（以下简称《意见》），要求积极探索有效路径和方法，更好地发挥品牌引领作用。

2016 年 12 月 17 日，国务院办公厅印发了《关于进一步促进农产品加工业发展的意见》，对今后一个时期我国农产品加工业的发展作出全面部署。

为了增强"三品一标"认证工作的科学性和规范性，农业农村部加快修订并颁布实施了《无公害农产品种植业产地环境条件》《绿色食品标志许可审查程序》等多项制度规定，同时修订了《绿色食品年度检查工作规范》等，对证后监督管理制度进一步完善。

2017 年，中央一号文件中指出，推进区域农产品公用品牌建设，支持地方以优势企业和行业协会为依托打造区域特色品牌，引入现代要素以改造提升传统名优品牌，支持新型农业经营主体申请"三品一标"认证，推进农产品商标注册便利化，强化品牌保护。

2017 年 4 月，国务院正式批复国家发展和改革委员会，确定每年的 5 月 10 日为"中国品牌日"。这标志着国家品牌战略的持续推进，意味着强化中国创造、中国质量，凝聚中国力量，发展中国自主品牌已上升为国家意志。打造中国品牌、发展品牌经济，成为提升中国国际经济地位的重要举措。

2016—2017 年，国务院相继印发了国办发〔2016〕18 号、国办发〔2016〕40 号、国办发〔2016〕44 号、国办函〔2016〕66 号、国办发〔2016〕68 号、国函〔2017〕51 号文件，对质量强国、品牌强国战略的推进实施进行了顶层设计和规划。

2018 年，中央一号文件提出："制定和实施国家质量兴农战略规划，建立健全质量兴农评价体系、政策体系、工作体系和考核体系。深入推进农业绿色化、优质化、特色化、品牌化，调整优化农业生产力布局，推动农业由增产导向转向提质导向。"[①]《农业部关于大力实施乡村振兴战略加快推进农业转型升级的意见》（农发〔2018〕1号）指出，坚持抓产业必须抓质量，抓质量必须树品牌，坚定不移推进质量兴农、品牌强农，提高农业绿色化、优质化、特色化、品牌化水平。

2018年6月，《农业农村部关于加快推进品牌强农的意见》给农业品牌建设做了全方位布局，提出力争3～5年，我国农业品牌化水平显著提高，品牌产品市场占有率、消费者信任度、溢价能力明显提升，中高端产品供给能力明显提高，品牌带动产业发展和效益提升作用明显增强。国家级、省级、地市级、县市级多层级协同发展、相互促进的农业品牌梯队全面建立，规模化生产、集约化经营、多元化营销的现代农业品牌发展格局初步形成。

2018年以来，农业农村部总结多年发展实践，通过深入研究正式出台了《关于加快推进品牌强农的意见》，为提高我国农业供给体系质量和效率找到了主攻方向。坚持品牌强农，是推进农业供给侧结构性改革的需要，提升农业效益、增加农民收入的重要手段，是提高农产品国际竞争力的迫切要求，也是农业高质量发展的重要标志。大力推进品牌强农不仅是时代的选择，更是老百姓的期盼。

2018年6月，农业农村部印发《关于加快推进品牌建设的意见》。

2019年，中央一号文件指出，发展壮大乡村产业，拓宽农民增收渠道，要加快发展乡村特色产业。因地制宜发展多样性特色农业，倡导"一村一品""一县一业"。支持建设一批特色农产品优势区，健全特色农产品质量标准体系，强化农产品地理标志和商标保护。

2019年，农业农村部等七部门联合印发《国家质量兴农战略规划

---

① 李锦顺. 电子商务助力乡村振兴［M］. 北京：华龄出版社，2022.

（2018—2022 年）》，进一步强调农业要"绿色化、优质化、特色化、品牌化"发展。要大力推进农产品区域公用品牌、企业品牌、农产品品牌建设，打造高品质、有口碑的农业"金字招牌"。

2020 年，中央一号文件指出，发展富民乡村产业，应继续调整优化农业结构，加强绿色食品、有机农产品、地理标志农产品认证和管理，打造地方知名农产品品牌，增加优质绿色农产品供给。

2021 年，中央一号文件继续指出，加强粮食生产功能区和重要农产品生产保护区建设。深入推进农业结构调整，推动品种培优、品质提升、品牌打造和标准化生产。

随着国家各项乡村振兴及品牌建设政策的出台，各省、市、县积极落实上级指示，纷纷出台相关文件政策，农产品品牌建设你追我赶，发展迅速，遍地开花。一大批品牌农产品涌现出来：寿光蔬菜、长白山人参、乳山牡蛎、文登西洋参、山西小米、小康蔬菜、威海苹果、盐池滩羊、湘西黑猪等，品牌建设初见成效（见图 1-3-1）。

图 1-3-1　长白山人参

工商企业、网络科技、金融资本也纷纷"下地务农",海尔从建立基于物联网的全流程追溯和交易平台入手,帮助金乡大蒜全面提升;联想从青岛蓝莓、成都蒲江猕猴桃及龙井茶切入,进军现代农业;京东从电商、智慧农业突破,推动桐城等区域农产品电商化、智能化;阿里巴巴、拼多多等直接以平台优势助农扶农;蓝城顺理成章地搞起了特色镇。在不断演变和发展的现代社会中,中国的农业领域正在经历一场前所未有的变革。这场变革由一群充满活力和创新精神的新农人引领,他们如同勇敢的开拓者,不断开疆拓土,为农业带来了新的生机与活力。这场由新农人引领的农业变革,不仅是中国农业千年一遇的产业图景,更是一场品牌浪潮。新农人通过不断创新和尝试,推动了农业产业的升级和转型,提升了农产品的品牌形象和市场竞争力。

二、我国农产品品牌现阶段存在的问题

就我国目前农产品品牌发展现状而言,农产品品牌发展依然滞后于经济发展,产品质量不高、创新能力不强、企业诚信意识淡薄等问题比较突出,具体表现在以下五个方面。

(一)品牌意识增强,品牌质量不高

当农产品品牌建设的春风吹遍祖国大地的时候,农业从业者绝大多数都认识到品牌建设的重要性,品牌建设意识普遍增强,但产品质量却普遍不高。我国现在是世界上商标注册最多的国家,是商标大国,但还不是品牌强国。因为很多人误认为起一个名字、注册一个商标、设计一款包装、构思一条广告语,就能做成一个品牌。其实对农产品品牌而言,做完这些只相当于万里长征迈出了第一步,更重要的是品质培育和品牌推广,这还需要漫长的努力过程。特别是产品质量的提高,是品牌溢价的根本。农产品生产受自然环境、气候条件影响严重,要保持农产品质量的一致性是一件比较难的事情,但如果不能从根本上保证产品质量一以贯之,就很难留

住消费市场固定的客户群，失去消费者的口碑，所谓农产品的品牌就无从谈起。

（二）品牌增长迅速，市场影响力有待提高

农产品品牌数量品类增长迅速，但推广宣传力度不够，方法不得当，所以消费者的认知度不高，没有植入消费者的心智之中，影响市场购买力。还表现在许多新型经营主体规模较小，供应量不足，只能辐射小范围、小区域，很难进军大市场，再一方面是缺乏联合体企业的龙头引领。有的农产品品牌品类数量众多，但没有聚焦主打品牌，重点不突出，缺少明星品牌的支撑。如新疆果业集团（见图 1-3-2），拥有 400 多个产品品类，在市场供大于求、产品严重同质化的今天，产品并不是越多越好，而是需要先聚焦提高供给侧质量和效率。福来品牌战略咨询公司帮他们"瘦身+健身"，将品类数量锐减为 20 多个，突出高质量新疆干果产品，让骨干立起来，让主力多出力。线下聚焦红枣、核桃、葡萄干明星"三剑客"，线上让美容套餐——葡萄干+杏仁+红枣和养生套餐——核桃+红枣+巴旦木"双星"闪耀。经过调整，产品品牌价值显著提升，集团营业额由 2014 年的 14.7 亿元迅速攀升到 2018 年的 50 亿元。

图 1-3-2 新疆果业

（三）品牌营销方式丰富，品牌培育未能同步

当代农产品品牌经营非常注重营销方式多样化，除了传统的批发市场、经销商外，开辟了大量新的营销渠道，如农场直营店、电商、微商、社群营销、电视网络、自媒体营销、线上线下、体验式营销及休闲采摘、乡村旅游等，各种营销方法和手段应有尽有。但对农产品品牌的培育力度偏弱，管护能力不强，缺乏联合体市场龙头企业，各个小型经营主体竞争无序。尤其在区域公用品牌如五常大米、阳澄湖大闸蟹等的管理上，出现了品牌"公地现象"。由此可见，品牌管护尤其是区域公用品牌管护存在着一定的难度，还需要政府、社会、企业多方协作努力，还生产经营者一个公平合理的市场秩序。

（四）品牌形象建设忽视品牌内涵的重要性

有人误认为给农产品起一个名字、设计一个 Logo、搞一款包装、加一句口号就算造就一个产品品牌了。所以很多生产经营主体只注重产品外部包装形象美观炫目，但不注重品牌内在本质的建设。一个没有灵魂的产品，就如同没有灵魂的人，只是行尸走肉。一个品牌农产品对消费者而言，不仅要入眼，更重要的是要入心。一个有文化、有内容、有故事、有灵魂的农产品品牌才能可持续发展，才有未来，才能行稳致远。

陕西白水是苹果大县，是世界上苹果最佳优生区之一，拥有扎实的产业基础。为了打造白水苹果区域公用品牌，曾不惜重金聘请著名影视明星代言，但只抓住"有机、健康、好味道"这些同质化优点，没有差异性和独特性，没有品牌灵魂，留不下与众不同的品牌资产，结果白白浪费了资源。

（五）标准化生产技术提升，创新能力不足

目前，我国农产品的标准化生产加工技术得到全面提升，但技术创新

能力不强，产品同质化现象严重，缺乏创新技术支持下的产品差异性。没有差异，就意味着没有真正的品牌。另外，同质竞争，让大家只能在价格上做文章，竞相降价，最终导致市场的恶性循环。为了响应国家扶贫号召，每年京东金融向国家级贫困户提供贷款，每户大约发 100 只鸡苗，要求必须放养，然后把每一只鸡的脚踝上绑定一个计步器，每只鸡只有跑足 100 万步以上，京东才以 100 多元的价格回收，回收后进行认证屠宰，全程追溯，最后在网上以每只鸡 169 元的价格销售。京东鸡的品牌很快被全国叫响，并且供不应求。京东鸡因为创新饲养方式，给品牌带来了很高的知名度，大幅度提升品牌的溢价能力，创造了更高的品牌效益。

第四节　农产品品牌建设的意义

一、发展现代农业的必由之路

（一）建立农产品品牌龙头企业，带动一方经济

近年来，我国农业品牌化建设发展迅速，有效带动了农业发展方式的转变和农业产业链质量、效益、竞争力的提升，也为提高农业组织化程度、促进农民增收作出了重要贡献。其中龙头企业功不可没，龙头企业不仅是农产品品牌建设中的"精锐部队"，也是带动一方经济发展的"开路先锋"。如福建"柘荣太子参"的生产企业改变了 10 万农民的命运，也改写了柘荣经济社会发展的历史（见图 1-4-1）；宁夏"中宁枸杞"龙头企业的崛起，带动了一方经济强劲发展；山东莱芜黑猪养殖标准化示范区通过 3 年的示范区建设，带动了周边地区乡镇、村养殖户发展莱芜猪标准化生产、社会加工、包装等，使一方百姓富了起来。

图 1-4-1　柘荣太子参

（二）建设农产品品牌生产基地，壮大现代农业基础

加强农产品品牌建设，需要有一定规模的农业生产基地。要夯实农产品品牌建设基础，就要加快基地建设，基地是品牌生存之本，也是品牌建设的基础。

品牌基地是农业标准宣传贯彻的实践基地。我国农产品品牌建设的最终目的，是通过农产品品牌化推进农业标准化，全面提升农产品质量和食品安全水平，进而提升农产品市场竞争力。实践证明，农业标准化是现代农业发展的基础，贯彻落实农业标准化是提升农产品质量安全水平和市场竞争力的重要保证。

近年来，在地方农业农村主管部门推进品牌基地创建的过程中，标准化生产成效显著。如河南省延津县通过创建全国绿色食品原料（小麦）标准化生产基地，使基地农户基本掌握了绿色食品小麦标准化生产技术；河南省内黄县通过创建全国绿色食品原料（花生）标准化生产基地，生产标准化率达 100%，农产品品牌生产基地的建设壮大了现代农业基础。

（三）突出农业科技创新，提升现代农业生产根本

中共中央、国务院发布《关于做好 2023 年全面推进乡村振兴重点工作的意见》（以下简称《意见》），《意见》提出推动农业关键核心技术攻关，坚持产业需求导向，构建梯次分明、分工协作、适度竞争的农业科技创新体系，加快前沿技术突破。支持农业领域国家实验室、全国重点实验室、制造业创新中心等平台建设，加强农业基础性、长期性观测实验站（点）建设，完善农业科技领域基础研究稳定支持机制。而在农产品品牌建设中，科技创新是其重要措施，只有通过科技创新，才能不断创造品牌消费的增长点，才能不断优化品牌发展的结构性布局，才能为品牌发展带来强有力的驱动。如山东青岛"马家沟"芹菜品牌、新疆"三海瓜园"水果品牌等许多农产品品牌和农业品牌，都是依靠科技创新才在全国出名的。

（四）加强农产品品牌经营管理，提高现代农业的水平

结合我国农业品牌经营管理的实际，借鉴世界现代农业经营管理的经验，综合农业经济学、企业经营管理和农产品营销学等基础理论，构建现代农业经营管理体系。首先，确立品牌农产品企业与农户的经营主体地位，通过发展农业产业化经营将农户与市场连接起来；其次，以品牌农产品生产过程为轴线，开展市场调查，作出经营决策、编制经营计划，调优农业结构，创造外部环境条件，配置农业生产资源，组织农产品生产与营销；最后，核算品牌农产品成本和效益，进行农业分配和消费，按照发展资源节约型、生态友好型农业循环经济的要求，进入可持续发展的农业扩大再生产过程。大兴安岭地区农产品区域品牌、赣州品牌农产品脐橙等的发展，都是靠现代农业的品牌经营管理而兴起的。

二、加快乡村经济振兴的重要措施

（一）引领产业升级，实现农业高质量发展

要想实现乡村振兴战略，最重要的就是要实现产业振兴。产业兴，则百业兴。品牌代表着消费结构和供给体系的升级方向，推进品牌强农，有助于农业由增产导向转向提质导向，促进资本、技术、信息、人才等要素向农业、农村流动，加快构建现代农业产业体系、生产体系、经营体系，提高农业全要素生产率，培育农业农村发展新动能，助力农村一二三产业融合发展。

（1）在建设社会主义新农村的过程中，重要的任务之一就是要建立农产品品牌，扩大农产品的生产规模，促使其形成规模化生产，从而树立起农产品品牌的良好产地形象，增强人们对其的信任，提高农产品的市场竞争力，真正促进农业生产的商品化、专业化、产业化。

（2）农产品品牌化促进农业产业结构调整。目前，我国农产品的劣势表现为"资源型、趋同型、低质化"，有些农产品科技含量低且品质不高。推进农业品牌化，以市场为导向，以满足多样化的消费为目标，引导土地、资金、技术、劳动力等生产要素向品牌产品优化配置，有利于推进农业产业结构调整和优化升级。

（二）挖掘资源优势，推进脱贫攻坚的步伐

要实现乡村振兴，有一个重要前提，就是使人们摆脱贫困，真正富裕起来。对于农民来说，授人以鱼不如授人以渔，帮助他们打造农产品品牌，实现农产品品牌化，将能够推动当地产业发展，促进农民增收，推动地方的经济发展。

在农业农村部（原农业部）30多年的倾情帮扶下，湖北省恩施州咸丰县着力实施品牌战略，将"唐崖"作为县域特色产业公共品牌，推动全产

业链建设，带动了区域内相关产业及其整体经济的发展，咸丰区域经济的投资潜力得到极大释放。

湖南省马鬃岭镇鹤峰有 33.33 km² 的富硒甜橘种植面积，有过亿元的年产值，专业合作社的农户增收达 500 万元，这一典型案例对于精准扶贫视角下的农业品牌建设具有一定的借鉴意义。

（三）倡导绿色发展，促进生态文明

乡村振兴，绿色发展是原则。绿水青山就是金山银山，绿色是品牌的本质属性。推进品牌强农，有助于将绿色发展理念贯穿于农业生产经营全过程，构建绿色产业价值链，推进农业绿色化、优质化、特色化、品牌化，变绿色为效益，实现产业与生态的共建共享，推动人与自然的和谐共生。

近年来，我国农产品品牌生产基地建设严格按照特色产业基地配套、水利设施配套、农田地改造配套、农运路网配套、农业科技措施配套、农村改革配套的要求进一步加快推进，以全面恢复和改善生态环境为重点，发展高产优质高效农业品牌产业，形成生态环境优良、特色产业高效、农民生活质量全面提高的生态农业产业带，推进绿色发展、循环发展、低碳发展，实现生态效益与经济效益相统一，建设生态文明，实现农业可持续发展。

（四）弘扬农耕文明，坚定文化传承

乡村振兴，文化传承是根基。在远古时期，人们就开始在土地上种植作物，获得赖以生存的食物。随着时间不断推移，在几千年的历史长河中，我国逐渐形成了独特的农耕文化，这也是我国农业品牌的精髓和灵魂。在建设农业品牌的过程中，要时刻注意这一点，深入挖掘农业的生产、生活、文化、生态等多功能特性，培育具有中国特色的、具有强大包容性的农业品牌文化，不断挖掘农业品牌的深刻内涵，将其与民间传统技艺、非物质文化遗产、乡风民俗等相融合，实现对传统老品种、老工艺、老字号的传

承与发扬，让我国的农业品牌真正走向世界，让更多的人都能够了解中国传统农业文化的底蕴。

品牌是文化传播的重要载体，可以使文化得到更好的传播。建设与宣传农产品品牌，能够传播传统的酒文化、茶文化、饮食文化、农耕文化等等。在传播这些传统文化的基础上还能够弘扬其中所蕴含的价值取向、意识精神等，唤起人们的文化自觉，增强人们的文化自信。

2018 年 6 月 7 日，《国务院关于同意设立"中国农民丰收节"的批复》（国函〔2018〕80 号）中确定，自 2018 年起，将每年农历秋分日设立为"中国农民丰收节"。丰收节的设立，能够促进优质农产品的市场流通、增加农民收入，丰收节期间的节庆活动是丰富农民文化生活的重要手段。

自古以来，中国就是传统的农业大国，农业具有几千年的发展历史，独特的农业文化是中国传统文化的根基与核心。它不仅影响着人们的思维和行为方式，同样也影响着农产品的品牌建设。因此，在建设农产品品牌的时候，要注重弘扬农业文化，这对农产品品牌的建设至关重要。

三、转变农业发展方式、引领农业升级的方式

品牌化是农业转方式、调结构的重要抓手，加快实施我国农业品牌战略是进一步推进农业发展方式转变的重要内容。

中国的农业要实现转型升级、满足人民日益增长的美好生活需求、适应国家供给侧结构性改革的需要、实现农民共同致富的目标，品牌农业是有力的抓手。在现代农业社会中，发展品牌农业，能够满足农业不断转型升级的需求、优化农业产业结构、提升农产品的质量水平和市场竞争力。打造优势农业品牌，以品牌保质量，成为农业转型升级、供给侧结构性改革的重要内容。

（一）优化农业产业结构，转变农业发展方式

品牌建设是优化农业产业结构、转变农业发展方式、提升农产品市场

竞争力的必然选择，是实现农业一二三产业融合发展的重要抓手。推动农业向高产、高质、高效转型发展，不断提高农业发展质量和效益，必须深入推进农业供给侧结构性改革，做大、做强农业品牌，着力提升农产品知名度、影响力和竞争力。农业品牌发展战略是转变农业发展方式的一个重要组成部分，其中包括标准化建设、文化内涵挖掘、营销渠道和方式创新、科技体系支撑、金融支持等内容。

（二）促进农业可持续发展的重要推动力

从转变农业发展方式的角度看，实施农业品牌战略还能够推动农业的可持续发展。在以前，我们的农业发展方式比较粗放，存在着污染和资源浪费的问题，影响了周边的农业资源和环境，进而影响了农产品的品质，不利于农产品品牌建设。要建设农产品品牌，就必须提高农产品品质，而这与周边的环境和农业资源是息息相关的，良好的环境和农业资源是打造农业品牌乃至文化品牌的一种有效途径。在现如今的情况下，要想更好地发展农产品品牌，就需要转变农业发展方式，才能突破资源环境约束，提高资源和投入品使用效率，促进农业的绿色、优质、品牌化发展，真正地实现可持续发展。

（三）做强农业优势特色产业

中国现代农业的发展，实施农业品牌战略是做强农业优势特色产业的重要路径和方向。中国地域宽广，农业现代化水平较高的地区往往也是品牌农业发展较快的地区，是农产品品牌的聚集区。品牌建设涉及生产和市场的多个环节，是优化农业产业结构、提升特色产业现代化水平的强大动力，是推进现代农业和特色产业发展的重要途径。

中国独特的自然生态环境、种养方式和人文历史，千百年来已经形成众多特色农产品。这些特色农业资源不仅是大自然的造化，更是一笔珍贵的历史遗产，蕴藏着巨大的经济、社会和文化价值。我们完全可以通过实施农业品牌战略，将这些集人文、生态、环境等为一体的要素资源整合起来，使其成为地方经济社会持续发展的重要载体，成为特色农业经济资源保护和发展的重要途径。

（四）提升产业化水平

农业品牌的创建过程，既是农业产业发展的过程，也是农业组织化程度提升的过程，同时还是产业、企业和农民建立紧密联系的过程。一是强化品牌培育，打造区域特色知名品牌，实现生产企业拥有自主品牌；二是强化全程监管，助推农产品品牌建设，推广标准化生产，实行科学、统一、规范化管理，引导和促进企业产品产业结构优化升级，注重提高产品的质量和效益，为争创名牌打下坚实的质量基础；三是强化配套服务，支撑农产品品牌建设，发展"公司+品牌+农户"的生产经营模式，使品牌效益成为提升农业产业化水平的有力支撑。

（五）完善标准体系建设

质量是品牌农产品的根本，是品牌农业不可动摇的根基。大力推进农业标准化，要突出抓好农业质量标准体系、农产品质量安全检测体系和农业标准推广体系建设。要打造优质农业品牌，就必须抓好农业标准体系建设，而农业标准体系建设是农业转型升级的必由之路，它涉及标准的制定、推广、检测和配套政策。为此，首先要加快农业标准化建设步伐，包括加快制定农业标准化发展规划、加强农业标准化科学研究与技术开发工作、加强国际合作交流、采用国际标准和国外先进标准、缩短与国际先进水平的差距、加快农业质量标准的制定和修订。其次，要抓好农业标准化推广体系建设：一方面要重点抓好龙头企业标准化工作，以此带动更多的农户，推进各类农业标准的实施；另一方面，要加大农业标准化示范区建设力度。再次，要健全农业监测体系。最后，完善各项农业标准化政策。

（六）以全新的方式振兴和发展农业

品牌农业是指经营者通过取得相关质量认证和相应的商标权，提高市场认知度，从而获取更高经济效益的农业。品牌农业是具有质量和安全健康保证的品质农业；是按照量化标准生产和加工的、产品始终如一的标准化农业；是通过恰当的筛选、包装和加工进行原料升值的价值农业；是摒弃一家一户落后的生产经营模式，以规模获得高效益的规模农业；是打通一二三产业，甚至掌控全产业链，实现质量与安全可追溯的大型食品产业。总之，品牌农业就是要彻底改变传统农业生产经营的思想和方式，引入工业化先进的管理思想、技术、品牌营销模式和人才，以全新的方式振兴和发展。

四、推动农业改革的方法

目前，我国农产品供求关系由偏紧向偏松转变的趋势越来越明显。经过多年国内农业生产能力建设、新型农业经营主体培育，我国多数农产品人均占有量明显高于人均消费量。我国粮食等主要农产品供给数量充裕，这是国内粮食供给的最主要来源；同时，粮食进口规模在逐年上升，这是国内粮食新供给来源。除粮食外，我国还有很多农产品的现实供给也相对偏多。农产品的充足供应结束了以前连续多年价格明显上涨的局面，受供求关系变化决定性影响，总体上越来越多的农产品市场价格开始下跌，影响了农民的种粮积极性。

无论从我国农产品市场运行情况来看，还是从我国粮食等主要农产品供给来源来看，无不表明我国农产品供给侧结构性调整与改革的迫切性。

（一）继续提高农业综合生产能力

要加强现代农业基础建设，保障农产品供给和口粮安全，仍然要继续提高农业综合生产能力，保证农民收入持续较快增长。因此，理解供给侧结构性改革与农业发展的特殊性，是推进农业供给侧结构性改革、加快转型升级的关键。

未来相当长时期内我国可能会面临农产品供给充裕与市场价格下行的压力。我国农业总体上缺乏国际竞争力，对外开放力度不断加大，实施自由贸易战略，国外竞争力强的农产品还可能更大规模地进入国内市场。农产品供给国内外形势的变化，以及我国居民生活水平提高带来的食物消费结构升级，都要求我国农业必须加大供给侧结构性改革。

（二）适应农产品供求关系变化

要推动农业改革，就要促使其能够适应农产品供求关系的变化。过去，针对农业领域来说，我国更多地关注农业生产环节，对于农产品品种选育、产量增长等比较看重，对于初级农产品形成之后的环节关注较少。为了追求农业增产，甚至滥用农药、化肥，过度消耗水资源与土壤肥力，不利于农业的可持续发展。这种片面地对农业增产的追求已经不适宜现在的社会发展了，必须加以转变。如今，要将对农业领域的关注重心转移到消费者这一端，实施农业供给侧结构性改革，关注消费者的健康需求、口味变化、饮食习惯等等，在满足消费者各种要求的角度上进行农业生产。

政府对农产品市场的干预逐渐减弱，将供给侧交给市场，农产品在市场上的供给不再受到政府的干预，而是依据市场力量来决定。随着农产品消费结构升级，资源环境的压力，以及国际竞争中创新的地位越来越重要，这种新型的农业经营主体也在不断地促进农业的新发展、新变化，使其更加符合现代社会的发展需要。

（三）促进农业结构调整

从供给侧解决我国农业发展难题，关键是结构调整、方式转变和深化改革。这要求新型农业经营主体及其他涉农主体要围绕着农业供给侧结构性改革重任不断创新，改变习惯性做法，共同推动我国农业发展转型升级。

面对国际农产品市场激烈的竞争，我国农业必须统筹国际、国内两个市场和国外、国内两种资源，新型农业经营主体要尽可能地选择错位竞争战略，克服我国农业成本价格竞争劣势。国内农产品品牌的创建和生产，不仅要在质量安全保障性等方面优于进口品牌，而且在蕴含的乡土等文化内涵方面明显胜过进口品牌。

五、实现农业增效、农民增收的途径

（一）农产品品牌拓展了市场

品牌是市场发展的必然选择。品牌农产品是农业企业生存之道，也是提高农民收入的主要途径。因此，建设农业品牌，以农业品牌为纽带对接产需，实现优势优质、优质优价，可以带动市场竞争力提升，引领农业体系升级，提高农业综合效益。

2023 年，中国地理标志农产品区域公用品牌揭晓，"蒙顶山茶""若羌红枣""迁西板栗"等 100 个品牌入选。若羌县位于塔克拉玛干沙漠东南缘，县域面积 20.23 万平方公里，地域辽阔，年降水量稀少，高温干燥、光热资源丰富、无霜期长、昼夜温差大，从而造就了若羌红枣的上乘品质。近年来，若羌县不断加大红枣产业扶持力度，积极引导枣农间伐、间移、科学修剪，实行"五统一"管护模式，促进红枣标准化管理、绿色有机生产。目前，若羌红枣种植面积已达 23.38 万亩，成功创建 10 万亩绿色食品原料红枣标准化生产基地，"若羌红枣"先后通过国家"地理产品证明商标""地理标志产品保护"，以及"中国驰名商标""新疆著名商标"认证。若羌县荣获"中国红枣产业发展龙头县""中国红枣之乡""一带一路"农产品商标品牌建设特殊贡献奖等百余项殊荣，成功入选中国特色农产品优势区和全国绿色食品原料标准化生产基地。所以，要想拓展市场就必须打造产品品牌和商业品牌，通过这些个性品牌的打造占领市场（见图 1-4-2）。

图 1-4-2　若羌红枣

（二）农产品品牌促进优质优价机制形成

优质优价是发挥市场在资源配置中的决定性作用、实现高质量发展的根本路径。

目前我国已建立健全了品牌农产品标志制度，推行了全国统一的品牌农产品标志，完善了产地标识制度和信息可追踪制度，向市场传递高质量产品信号，并完善了产品质量信息发布体系。同时还推进绿色农产品批发市场建设，在绿色农产品相对集中的产区建立了产地交易市场，或在现有区域性和全国性交易市场建立具有明显标志的绿色农产品交易区。推进绿色农产品零售市场建设，逐步扩宽包括专卖店、直供超市或代理商的多种销售渠道。在零售市场，实行绿色农产品与普通农产品分开经营，悬挂绿色产品标志，出示产地或进货渠道证明。以上一系列措施，无不显示着品牌农产品促进了优质优价机制的形成。

（三）发挥农产品品牌效应，实现农业增效、农民增收

品牌效应是品牌在产品上使用，为品牌使用者带来效益和影响。品牌是商品经济发展到一定阶段的产物，最初的品牌使用是为了便于识别产品，

在近代和现代商品经济高度发达的条件下品牌迅速发展，在于品牌的使用给商品生产者带来了巨大的经济效益和社会效益。

农产品品牌主要是指使用在农产品上，用以区别其他同类和类似农产品的显著标记。农产品品牌是以农产品的产地、品种、质量等差异为基础，以商标、口号、包装、形象为主要表现形式。

自古以来，农业生产就是农民赖以生存的基础，"面朝黄土背朝天"更是广大农民的真实写照。近些年来，虽然农民的收入来源逐渐增多，农业生产经营收入所占比重有所下降，但是，这并不意味着农民就不关心农业生产。农民要想获得更为满意的农产品价格，获得更高的收益，就要发挥农产品的品牌效应。前几年，山东部分地区发生了大白菜滞销的情况，很多农户生产的大白菜难以卖出，损失很大，但是，当时已经形成品牌的胶州大白菜却始终畅销，而且价格仍然维持原样，这便是品牌的重要性。品牌是一种无形的资产，相对于普通产品来说，它更容易形成一种品牌效应，具有较高的附加价值，在经过广泛宣传之后，它往往会形成稳定的市场份额，积攒一批忠实顾客，有助于推动农产品产业链的延伸与发展，从而实现农业增效、农民增收。

（四）品牌示范带动作用显著，经济效益不断提高

农产品品牌化是现代农业的一个重要标志，加强农业品牌建设是促进传统农业向现代农业转变的有效途径。推进实施农业品牌战略，有利于促进农业增效、农民增收。近年来，我国各地立足区域特色和优势产业，深入挖掘资源潜力，培育区域优势品牌，大力发展高效特色农业，众多传统品牌支撑起一大批传统优势产业的发展，在带动区域经济发展和农民增收致富中发挥着越来越重要的作用。

推进农业品牌建设，有利于促进区域经济发展。优质农业品牌具有很大的消费影响力、市场吸引力、社会影响力，能够吸引更多的优质企业、资金、技术、劳动力、人才的涌现和集聚，从而加快区域经济的发展。

六、提高农产品国际市场竞争力的手段

（一）打造农产品新型产业链

围绕品牌农产品产业链创新农业经营体系，着力发展农业龙头企业、农民专业合作社和种养大户等新型经营主体，建立"农户+合作社+龙头企业""农户+园区基地+加工企业"等多种特色农业产业化合作发展模式，整合资源打通产业链条。充分发挥龙头企业的引领和示范作用，支持农业龙头企业开发新技术、新产品、新工艺，以发展订单农业、打造优质农产品品牌。鼓励农民专业合作社以法人身份按产业链和品牌组建联合社，着力打造一批品牌农产品经营强社。鼓励一定规模的种养大户成立家庭农场和公司农场，提升专业化、标准化水平，使其加入农产品品牌产业链条。积极推动出台扶持农民专业合作社、龙头企业、家庭农场和公司农场等新型经营主体发展农产品品牌的政策和措施，相关扶持资金和项目向新型经营主体适当倾斜，夯实品牌农业基础，提高品牌农产品的竞争力。

（二）促进农产品的营销

品牌的营销推介是将品牌优势转变为市场优势、实现品牌效益的重要措施。目前，农产品的竞争已经不单单是质量竞争，品牌竞争也加入农产品竞争的行列，实施品牌战略是提高国内农产品竞争力的必然选择。20 世纪 80 年代中期，不少农产品开始使用品牌，从此拉开了我国农产品品牌建设的序幕。要提高我国农产品的国际竞争力，就要加大农产品专业市场建设力度，增强市场服务功能，同时我们还要创造和维护好优质农产品品牌，要将工作重心放在提高农产品的质量和产品的科技含量上。

（三）提高科技含量

提高我国农产品的质量竞争力，我们要以科技发展为支撑。提高土地利用率，提高劳动生产率，提高农产品质量，都是以科技进步为动力的。近年来，我国加大了在农业上的科技投入，提高了我国农产品的科技含量，从而也提高了我国品牌农产品的科技含量，而且我国还在积极进行"现代农业技术"的开发和研究，这为我国农产品在国际上的竞争提供了强有力的技术支持。它有利于创建农产品品牌，提高农产品质量，提高农产品国际竞争力。

（四）提高农产品质量

品牌是信誉的凝结，是产品质量和标准的背书，好的品牌能够带来产品的溢价。保证品牌农产品质量，就需要严格遵守国家有关法令法规，建立健全品牌农产品质量安全体系，从而促使品牌农产品赢得市场信誉，在市场竞争中永远立于不败之地。

第二章　农产品与农产品
品牌建设的关系

本章为农产品与农产品品牌建设的关系，主要介绍了四个方面的内容，依次是农业标准化与农产品品牌建设、农产品质量安全与农产品品牌建设、"三品一标"与农产品品牌建设、农产品加工与农产品品牌建设。

第一节　农业标准化与农产品品牌建设

一、农业标准化的概念、特点与重要意义

（一）农业标准化的概念

农业标准化是标准化学科的一个分支，具体指以农业科学技术和实践经验为基础，运用统一、简化、协调、选优原理，把科研成果和先进技术转化成标准，并加以实施，以取得最佳经济、社会和生态效益的可持续过程。农业标准化是以农业为对象的标准化活动，即运用"统一、简化、协调、选优"原则，通过制定和实施标准，把农业产前、产中和产后各个环

节纳入标准生产和标准管理的轨道。农业标准化的目的就是将农业科技成果与生产实践经验相结合，制定成文字简明、通俗易懂、逻辑严谨、便于操作的技术标准和管理标准，向农民推广，以生产出优质、标准、高产的农产品，实现农民增收；同时能保护生态环境，实现可持续发展。

（二）农业标准化的特点

1. 生物性特点

农业技术是在不易控制的自然环境中，通过动植物的生命过程来实现的。在一定时间和空间内，将哪些产品和哪种农业技术列为标准化对象，都要受到具体的社会经济条件和自然条件的制约。相对而言，农业新技术和新方法的开发、转让与推广比工业的难度大。例如，同一项农业新技术，在不同条件下产生不同结果。农业生产条件千差万别，气候、土壤、水分以及农业结构等，都会对农业技术产生不同的影响。同时，农业标准化对象受外界影响的相关因素较多，受自然条件影响较大，致使经济效果有所差异。因此，在制定、实施农业标准过程中，要充分注意农业标准化对象的这一特点。

2. 区域性特点

农业标准化是以农业为对象的标准化活动，受农业本身的影响较大。而农产品因地区不同，其品质会有很大差异，同一农业技术因地区不同其效果也不一样，所以农业标准化具有明显区域性，必须因地制宜。例如，世界上许多国家按照自然条件、地理环境和农作物特点，划分了各种"生长带"，如玉米带、棉花带、草原放牧带等，这就是考虑到了农业区域性的特点。在我国的标准中设有农业地方标准，也是考虑了农业标准化地域性较强的特点。

3. 复杂性特点

农业标准化的主要对象是活的有机体，它们种类繁多，各有其生长和发育的规律且生产周期较长，这就使得农业标准化工作要比其他行业的标准化工作更为复杂。制定（修订）农业标准所进行的生产试验，一般一年只能进行一次，稍有失误或试验失败，一等就是一年，这与制定工业标准显然不同。一般来说，制定一项农产品标准至少要有 3 年的统计数据，制定一个农作物品种标准至少要 3 年，制定种畜、种禽品种标准的时间更长。

4. 全程性特点

农业标准化涵盖农业生产的产前、产中和产后全过程，包括农业生产资料、农业自身生产过程、农产品市场流通领域。农业标准化的实施，实现了农业产前、产中和产后过程的标准化，特别是对产前的投入品，基础设施实施标准，产中的过程操作进行规范，从而提升农产品的品质和效益。通过农业标准化的实施，可以提升生产效率，规范过程控制、提高农产品质量、保障食品安全，促进农产品国际贸易、促进农业技术推广，最终产生良好的经济、社会和生态效益。

5. 文字标准和实物标准同步特点

文字标准来源于实践，是客观实物的文字表达。但是，文字标准较抽象，由于人们的理解能力或认识程度不同，会产生不同的结果。而且有些感官指标如色泽、口味很难用文字确切表达。如 GB 2635—1992《烤烟》是根据烟叶的成熟度、叶片结构、厚度、油分、色度、长度、残伤七个外观品级因素区分级别。以颜色为例，柠檬黄色、橘黄色、红棕色、微带青色、青黄色、杂色等十余种，人们很难掌握，应用比色板标准和烤烟实物标准加以对照，才能使这个标准得到全面贯彻。因此，农业标准特别需要制作实物标准，使得文字标准与实物标准共存，才能顺利地贯彻实施农业标准化。

（三）农业标准化的重要意义

农业标准化是促进农业结构调整和产业化发展的重要技术基础，是规范农业生产、保障消费安全、促进农业经济发展的有效措施，是现代农业的重要标志。农业标准化也是实现农业现代化的一项综合性技术基础工作，对农业现代化有着十分重要的意义。

1. 农业标准化是发展现代农业的重要保障

随着农业科学技术的快速发展，农业生产的专业化、社会化程度越来越高，农业生产规模越来越大，技术要求越来越复杂，生产之间的协作越来越广泛、深入，这就必须通过制定和实施农业标准、简化工作程序、选择最优方案、建立最佳秩序，来促进各种农业生产的产前、产中和产后全过程有机地联系起来，通过农业标准化来加快推进农业现代化。

2. 农业标准化是实现农业科技成果转化的重要举措

农业标准化既源于农业科技创新，又是农业科技创新转化为现实生产力的载体。通过标准化活动，将科技成果制定成供人们共同使用的农业技术和管理标准，实现了科技成果渗透到农业生产的全过程，加速了科技成果转化为现实生产力，确保了我国农业生产力的持续发展。农业标准化对于加快推广应用农业科技成果，实现农业科技成果转化为现实生产力，从而提高农产品的产量、质量和效益，推进农业现代化进程具有重要的意义。

3. 农业标准化是推进农业产业化的重要手段

农业产业化就是引导农业走规模化、标准化、市场化的道路，而农业标准化则是农业产业化的基础。农业产业化的实施过程不仅是农产品生产、加工、流通和销售等行为的标准化过程，也是规范千家万户农民的生产行为和应对千变万化的农产品市场的过程。因此，加强农业标准化工作，建立健全农业质量标准体系、农产品检验检测体系、农产品认证体系等，将有力地推动和促进农业产业化健康、快速发展。

4. 农业标准化是增强市场竞争力的重要保证

农业标准化是提升农产品质量安全水平、增强农产品市场竞争能力的重要保证。实现这个目标，一项很重要的工作就是大力推行农业标准化。通过标准化的技术和管理手段，实现对农业生产的全过程控制，积极开展农产品质量认证工作，促进建立健全农产品质量安全体系，提高农产品质量安全水平。农业标准化有利于缩小中国与发达国家农业的差距，突破国际贸易技术壁垒，使农业逐步实现与国际接轨，以提高农产品的市场竞争力。

5. 农业标准化是实现农业可持续发展的必然选择

农业标准化的推广与实施，规范生产与消费行为，有利于合理利用与高效配置资源，保护生态环境与生物多样性，维持生态平衡；依靠科技逐步减少有害农业投入品的使用与农业废弃物的污染，使污染物产生量最小化，并使废弃物得到无害化处理；加快绿色食品，有机食品和农产品地理标志认证发展和良好操作规范以及危害分析关键控制点等质量体系认证，促进农业可持续发展。

二、农业标准化对农产品品牌建设的影响

近些年来，随着人们生活水平的逐渐提高，人们对食品质量安全也提出了更高的要求。农产品不仅要确保安全无污染，还要具有高营养价值，能够含有人们的日常生活中身体所需的各种营养物质。要大力发展农产品品牌，就需要克服传统农业经济的随意性、盲目性，实现农业标准化，这

是十分有必要的。要确保农业产前、产中、产后的全过程的标准化生产，实现从生产到销售的全过程质量控制，保障农产品的质量安全，打造优质的农产品品牌。

农业标准化是运用"统一、简化、协调、选优"的原则，通过制定和实施标准，用标准指导生产，促进农业科技成果的转化与普及。农业标准化是提升农产品质量安全水平的技术基础，是加强农产品品牌建设和提升农产品市场竞争力的重要手段，是实现农业综合效益最大化的有效载体。在农产品品牌建设过程中，农业标准化是基础，目前，随着农业经济的发展和农业经济结构的调整，人们对农产品品牌质量和效率越来越重视，在新的发展形势下，农产品品牌建设和农业标准化亟须建设新的内容。

（一）农业标准化是农产品品牌的基础

对于一个地区来说，农产品品牌能够展现出这个地区的农业综合实力，通常情况下，农业综合实力越高的地区，农业标准化、产业化发展得越好，农产品的品质、质量、价值更高，农产品品牌质量也就更好。对于农产品品牌质量来说，农业标准化能够加强其过程控制。在选择农产品产地的时候，要确定周边没有污染农产品的污染源，农田的土壤、大气、灌溉用水的各项指标都要符合农产品生长的环境质量标准，以免费尽心力，农产品无法生长出来，或者生产出来的农产品的质量不符合要求。在生产农产品的时候，要规范好一系列的生产技术操作流程，如良种选用、节水灌溉、栽培方式、农机作业等。在使用投入品的时候，要确定好化肥使用的种类、用量、频率、时间和使用方法等使用规范。在质量管理上，制定技术培训、产品检测、标志管理、生产记录、建立档案等可追溯措施。同时，还要制定好操作性强的具体规定和标准，在农产品从生产到销售的各个环节中进行标准化，以实现全程质量控制，保障农产品质量安全的实施过程，促进农产品品牌建设。

（二）农业标准化为农产品品牌建设提供了示范载体

农产品质量主要受三方面因素的影响：第一，农业生产过程中化学药品使用过多，从而导致生产出来的农产品中残留有害化学物质，使得农产品质量达不到标准；第二，由于工业"三废"的排放，生长农作物的土地受到污染，从而使得生长出来的农产品中聚积了某些有害物质；第三，生产完成后的初级农产品还要经过简单的包装、加工和贮运才可以到达农产品市场上，在这个过程中，使用不符合食品要求的包装物、超标使用化学添加剂等都会影响农产品本身的质量，从而造成二次污染。

近些年来，随着我国农业标准化的实施，全国各地都大力建设农业标准化示范区，建立有机、绿色、无公害示范基地，针对农产品生产过程中的环境、生产技术、投入品都进行了强化创新与严格控制，确保农户和企业进行标准化生产，保证产品质量，这也为农产品品牌建设提供了载体。

（三）农业标准化为农产品品牌建设提供了政策保障

目前，我国已初步构建了以农业国家和行业标准为主体、地方标准为基础、企业标准为补充的农业标准体系，形成了以科研、教学、技术推广、质检、管理、生产、经营企业相衔接的工作机制，建立了以技术培训为主，试验示范为辅，信息网络为补充的服务体系，强化了以政府职能为主、多元投入为辅、职能部门协调配合的保障机制，为农业标准化的实施奠定了坚实的基础。我国的农业生产从实际出发，确立了农产品质量安全管理、质量安全标准的强制实施、产地管理、包装和标识管理、质量安全监督检查、质量安全风险分析评估质量安全信息发布和对质量安全违法行为的责任追究制度的七大保障农产品质量安全的基本制度，各地也陆续出台了推进农业标准化的意见，为推进农产品品牌建设提供了政策保障。

三、实施农业标准化，助推农产品品牌建设

农产品品牌具有较高的社会经济效益，用标准化手段助推农产品品牌建设应突出抓好以下重点工作。

（一）加快农业标准化实施力度

要加快农业标准化实施力度，主要可分为以下四个方面。

第一，要借鉴国际上的农业标准，并将其引入我国农业标准化之中。将国际上先进的农业标准、农业生产技术引入国内，可以更好地对农业经营管理进行改善，促进农业技术进步，提高农业产品的质量和经济效益。同时在了解我国农业各方面情况的基础上，建立起符合我国国情的、突出技术先进的、与国际农业标准相协调的农业标准体系。第二，要加强地方标准的制定工作。不同地区应根据具体的自然环境、生产条件和经济情况来确定农业产品的特色，注重发展本地独特的产品。农业地方标准制定的内容应包含产前、产中、产后各个环节，不断对农业标准体系进行健全与完善。第三，要加强科研成果向标准化转化的工作。各级政府、农业行业组织和科研院所应该密切合作，共同为农业标准的制定服务，将农业种植技术标准中失效的、落后的标准淘汰掉，将先进的科研技术融入其中，增加科研投入，以高质量标准体系为基础支撑着农业产品品牌的进一步发展。第四，大力实施农业标准化。通过多样化的宣传渠道，加强农民、企业和消费者对标准化的认识和了解，使其了解标准化的重要性，增强其促进农产品品牌建设的意识，从而更加自觉地、积极地进行农业标准化示范，持续做好农业标准的普及。

（二）提升农业产业化水平

要提高农业综合经济效益，就需要推动农业标准化、提升农产品质

量，并促进品牌建设。例如，要创建农产品品牌，就要利用工业标准化的工作模式推动农业标准化、商品化、批量化、规模化、集约化的实现，从而提高农业生产的产出率和经济效益。发展农业产业化必须以标准的形式推广农业科技成果，对农业生产全过程实行标准化管理和监测。通过推进农业标准化，把农业的产前、产中、产后全过程纳入标准化管理轨道，带动各种生产要素的优化组合，促进农业生产的区域化布局和专业化生产，形成种养加、产供销、贸工农、农科教等一体化经营，不断提升产业化水平。

（三）整合农业标准化力量

农业标准化涉及的层面众多，需要花费较大的财力、物力和人力成本才能够实现。各级政府应当发挥领导作用，整合不同部门的资源，并利用经济合作组织的协调功能，促进各个部门之间的协调合作，以调动起农民的积极性，促使其积极参与其中。同时还需要划拨专项资金，用于支持农业标准化工作，确保专款专用。为了调动起各部门人员的积极性，可以建立一种工作奖励机制，通过评先评优和职称评定等政策以激励和支持那些在农业标准化工作的一线人员，激励他们积极参与农业标准化工作。在农业标准化过程中，各部门有着不同的功能，为了更好地实施农业标准化，助推农产品品牌建设，各个部门应当密切合作，发挥各自优势，共同促进农业标准化工作的实施，提升农产品质量安全水平。

（四）狠抓农产品品牌质量

各级政府有责任监督当地品牌农产品，使它们满足一定的标准与要求。要实施农业标准化，助推农产品品牌建设，各级政府就要狠抓农产品品牌质量，制定当地农产品品牌发展和管理规范，以确保农产品在各个环节中都符合规范和标准。政府可以引进龙头企业，采用土地流转等方式，建立起一条生产、包装、收购、销售的统一产业链条，实现对品牌农产品的全流程管理，从而保证农产品品牌的质量，避免某些不良现象的发生。同时还要深入挖掘农产品品牌的文化底蕴，以丰富农产品品牌内容，延伸品牌产业链，促进区域经济发展。

四、农业标准化与农产品品牌建设案例

在浙江省丽水市庆元县有一个比较好的农业标准化与农产品品牌建设案例，它就是"庆元香菇"。庆元县被称为世界香菇之源，香菇栽培历史悠久，大约有 800 年历史。基于庆元县的香菇栽培的优势，"庆元香菇"品牌便应运而生了。庆元县的香菇栽培产业也逐渐规模化发展，有了完善的产业链，促进了当地的经济发展。它的品牌发展模式就是"地理标志+农业龙头企业+合作社+基地+产业链"相结合的模式。"庆元香菇"产于庆元县，品牌中就带有"庆元"二字，它是一个地理认证标志，与其他香菇产品相比，具有较大的产业优势，区域龙头企业也进一步促进了示范区经营机制的完善，带动了周边区域的经济发展。目前，"庆元香菇"品牌越来越受到消费者的信赖，从生产到销售的一系列环节也越来越规范化、标准化，推动着"庆元香菇"品牌化的进一步发展。近些年来，"庆元香菇"品牌不断升级，它多年蝉联中国品牌价值榜（食用菌品类）第一品牌，受到了越来越多人的欢迎。据统计，庆元县食用菌相关从业人员达到 7 万余人，企业 370 多家。2019 年，全县食用菌产量 9 万余吨，食用菌生产规模达到 1.2 亿袋，一二三产业总产值约 36.8 亿元，有效带动了当地农民增收致富，助力乡村振兴（见图 2-1-1）[①]。

---

① 李伟越，徐青蓉，杨清. 农产品品牌建设 [M]. 北京：中国农业科学技术出版社，2020.

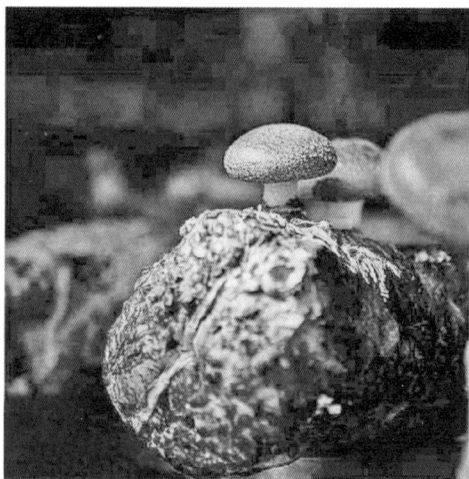

图 2-1-1　庆元香菇

第二节　农产品质量安全与农产品品牌建设

一、农产品质量安全的概念和重要性

（一）农产品质量安全的定义

随着经济的发展，人民生活水平不断提高。现在人们不仅要求吃得饱，而且还要求吃得好，也就对农产品质量的要求越来越严格。通常所说的农产品质量既包括涉及人体健康、安全的质量要求，也包括涉及产品的营养成分、口感、色香味等非安全性的一般质量指标。广义的农产品质量安全是农产品数量保障和质量安全，《中华人民共和国农产品质量安全法》对农产品质量安全的定义为：农产品质量符合保障人的健康、安全的要求。"数量"层面的安全是"够不够吃"的问题，"质量"层面的安全是要求食物的营养卫生，健康无害。狭义的农产品质量安全是指农产品在生产加工过程中所带来的可能对人、动植物和环境产生危害或潜在危害的因素，如农药残留、兽药残留、重金属污染、亚硝酸盐污染等。

（二）确保农产品质量安全的重要性

"民以食为天，食以安为先。"从这句流传已久的俗语中我们就可以知道食品安全的重要性。人们每天都要进食，以满足人们一天的生活需要，如果食品中有着某些有毒、有害或污染物质，不仅会影响身体健康，甚至还会危害人们的生命。农产品主要来源于动物和植物，在农产品从生产到烹饪的一系列过程中都可能会受到各种各样的污染。农产品的质量安全不仅包括人们比较熟悉的物理危害、生物性污染及化学物质残留污染，还包括新技术、包装材料及营养成分的污染。随着时间的推移，生产力不断提高，人们的生活质量不断提高，农产品供求进入总量基本平衡阶段，人们对农产品质量安全问题的关注也就越来越高，这是经济社会发展的必然反映。现在，人们把农产品质量安全问题看得越来越重要，农产品的质量安全必须符合国家法律、行政法规及强制性标准的规定，避免一系列可能危害人体健康和安全的危险因素，满足保障人身安全、人体健康的要求。农产品质量安全直接影响着现代农业生产的健康发展，要发展现代农业，就必须做好农产品质量安全监管，真正地提升农产品的质量安全水平。

1. 有利于实行标准化生产提高农产品质量

确保农产品质量安全，有利于农产品的标准化生产，从而切实提高农产品质量，满足消费者对其的质量需求。按照所生产出来的优质农产品的区域进行布局，将区域内的农民组织起来，然后让他们进行规范化、标准化生产，生产出农产品市场上所需要的优质安全农产品，建立有机、绿色、无公害农产品的标准体系，从农产品生产到农产品售卖等一系列环节上进行质量控制。

2. 有利于资源环境保护，促进农业可持续发展

确保农产品质量安全是青山绿水生态文明建设的需要。开发安全农产品，有利于保护生态环境和合理利用农业资源，引导农业生产方式发生变化，提高资源利用效率。

3. 有利于拓展生产领域，拉长产业链条

以创新制度设计为核心的安全农产品生产和认证管理是农业向深度和广度拓展的有效载体，通过产品认证，密切了产业上下游间的利益联结机制，提高了农民组织化程度和农业整体素质，强化了基地与企业、企业与市场的关联度，拉长了产业链，促进了农业增效和农民增收。

4. 有利于促进农业结构调整

农业结构调整的核心是解决农业投入品的不合理使用和农产品不科学收获所导致的农产品污染问题，从而大幅度提高农产品质量，增加市场份额，促进农民增收。

5. 有利于提升我国农产品国际竞争力

目前，各个国家和地区之间的交流合作越来越密切，全球化趋势日益明显，在这样的时代背景下，保证农产品质量安全有助于扩大农产品出口，提升我国农产品的国际竞争力，使之更好地适应经济全球化趋势。

6. 有利于推进乡村振兴战略实施

产业兴旺是乡村振兴的基础，而产业兴旺必须以农产品质量安全为前提，同时通过标准化、规范化生产，加强生态环境保护，保障农产品生产基地产地环境安全。良好的生态条件是乡村宜居的必要条件，是望得见山、看得见水、记得住乡愁的重要保证。因此，优质安全农产品生产是乡村安居乐业，增强人民福祉，提高人民幸福生活指数的重要支撑。

二、农产品品牌建设与质量安全提升

农产品品牌是指农产品的生产经营者结合当地的自然元素、经济因素、社会因素及文化因素的优势资源进行分析整合，对农产品进行包装，使当地的农产品具有与其他地区农产品区别开来的个性特征，并且具有与产品特色及文化内涵相适应的产品名称与标志。

（一）农产品品牌建设促进质量安全提升的理论机理

农业品牌战略和农产品品牌建设贯穿于生产结构、产业结构、生产方式、质量体系调整的全过程，贯穿于农业供给侧结构性改革的全过程。可以说，农产品品牌建设，既是农业供给侧结构性改革的内在要求，也是改革途径和改革任务。事实上，农产品品牌建设及其质量安全提升之间存在互促互进的关系。农产品品牌建设能够促进质量安全提升，反过来，农产品质量安全提升能够进一步促进品牌战略实施。

1. 农产品品牌及其建设主体与角色功能

品牌是一种无形资产，具有某一品牌的产品能够更好地与其他品牌的产品区分开，同时它还能够产生溢价与增值。农产品质量并不仅指农产品是否安全，还包括农产品的口感、营养成分、外观形象、特色水平等，农产品质量就是指农产品能够满足消费者需要所具备的一系列自然属性的总和。农产品品牌向消费者传达了农产品的信息集合，同时它也对消费者作出了某种承诺，是消费者与品牌拥有者之间的一种关系性契约。从狭义上说，农产品品牌就是指农业企业申请注册的企业产品品牌；从广义上说，农产品品牌除了包括农业企业申请注册的企业产品品牌之外，还包括集体标志、种质标志及质量标志。针对农产品品牌来说，在品牌形象上，它具有脆弱性；在品牌效应上，它具有外部性；在品牌表现形式上，它具有多样性。这些都是品牌的重要特征，在农产品品牌中仍然存在。

农产品品牌建设就是指农产品品牌建设主体进行品牌建设的整个过程中的行为过程，包括品牌规划、品牌创立、品牌培育、品牌扩张等。农产品品牌的建设主体包括两部分，分别是建设主体和参与主体。其中，建设主体是最基本、最主要的主体，具体是指直接从事农产品品牌建设的农业企业；参与主体是指参与农产品品牌建设过程中并对其起到影响作用的主体，具体来说，包括农户、农业行业组织、政府等。

在农产品品牌建设过程中，各个不同类别的主体扮演着不同的角色，承担着不同的责任，发挥着不同的功能。下面，针对不同的农产品品牌建设主体进行简要介绍。

在农产品品牌建设过程中，最重要的主体就是农业企业，它对农产品品牌建设起着决定性作用。因为它是农产品品牌建设的主力军，农产品品牌就是由它创造出来的，同时它也是农产品品牌建设的组织者、实施者和获益者。农业企业在农产品品牌建设过程中发挥着品牌定位、文化定位、价格定位、质量控制、标志申报、品牌注册、品牌传播等多项功能。在农产品品牌建设过程中，政府也是重要主体，它引导、推动着农产品品牌建设的实现，同时也是农产品品牌建设的组织者，是品牌农产品质量标准化体系的制定主体，是农产品品牌建设的倡导主体、科技投入主体、服务主体、注册管理主体、评价监督主体和保护主体，是农业国家品牌与农产品品牌国际化最重要的实施主体和支持主体。农业行业组织是农产品集体品牌的申报主体和管理主体，它在农产品申报集体品牌和管理工作中，充当消费者、企业、政府三方之间的桥梁，便于三者之间进行交流、沟通。同时还能够发挥消费者对其的信任优势、桥梁资源优势和人才资源优势，更好地开拓农业市场，建设农业企业品牌，维护好农产品品牌企业的利益。在农产品品牌建设过程中，农户是经济利益主体，它负责生产农产品，为之后的一系列加工、销售等过程提供初级农产品，其行为符合经济行为主体的一般特征，相比农产品质量，他们更加看重经济利益。因此，在缺乏外在道德与法律约束的情况下，当二者发生冲突的时候，农户往往会忽视产品的质量安全，而选择经济利益。

以上的农业企业、政府、农业行业组织和农户之间并不是各自为政，而是相互联系的，互相之间是竞争与合作的关系，要加强互相之间的沟通和交流，从而更好地实现彼此之间的合作，更好地进行农产品品牌建设。

2. 农产品品牌促进质量安全提升的内在机理

根据农产品品牌及其建设的内涵，农产品品牌体现的核心要素是农产品质量，农业企业是实施农业品牌化战略的建设主体和核心载体。在市场上，企业的厂房、设备等有形资产，都可以视为成本，唯一的资产就是声誉。市场记录每一个参与人的所作所为，积累成该参与人的声誉，正是这种声誉机制使得诚实成为最好的商业政策。当一个企业专业化于某个特定领域的时候，它需要付出巨大的沉没成本，这意味着做一锤子买卖通常不是最好的选择。要在市场上持续生存下去，它必须抵挡利用信息不对称骗人的诱惑，建立一个诚实可信的声誉。当农产品市场价格与生产组织的声誉相关，而声誉取决于它所提供的产品质量时，生产者为获得较高的收益会减少机会主义行为取向，提高农产品质量，声誉机制的外在表现形式之一便是品牌。品牌是企业在市场上积累的声誉，品牌的价值来自信息不对称。品牌企业是市场的总承包商，它对所有上游环节的生产者承担连带责任，代替消费者监督所有上游生产者。因此，品牌可以发挥优质优价和正向激励作用，达到消费者、生产者、政府的多赢效果，实现农业增效、农民增收、农村增绿的多赢三元目标。

3. 农产品品牌对不同主体保障质量安全的正向激励

农产品品牌通过优质优价和降低成本的正向激励的动机作用，吸引涉及品牌建设的各类主体积极开展安全生产行为，保障农产品质量安全。

（1）农产品品牌通过优质优价机制激励农业企业和农户进行安全生产。对农业企业来说，农产品品牌具有三重因素能够促使其安全生产：第一，品牌是信誉的象征，消费者之所以选择这一品牌的农产品，就是因为他们信任这个品牌，它承载着生产者对消费者的承诺。因此，对于农业企业来说，农产品品牌能够降低其产品推介成本，使之更容易被消费者熟悉和信赖。第二，农产品品牌不仅能够解决农产品市场的逆向选择问题，而且还能够在优质优价的情况下，直接增加消费者的有效需求，提高品牌农产品的销售量，使农业企业获取更多的利润。第三，农产品品牌建设成功之后，经过一段时间的宣传，往往就会收获一批忠诚的"回头客"，他们是农产品品牌的忠实顾客，之后经过时间不断地推移，越来越多的人就会了解农产品品牌，被其所吸引，农产品的销售量不断增加，农业企业所获得的利润也就会越来越多。这三重因素的良性循环就会激励着农业企业进行安全生产，使消费者更加信任它，不断扩大企业声誉，从而吸引越来越多的消费者，促进农业企业的持续发展。

对农户来说，他们提供给企业优质的农产品，自然就会获取更高的收购价格，能够获得更加丰厚的利益，优质优价的正向激励作用激励着农户生产更加优质的农产品。另外，农户的生产经营行为并不是随心所欲的，而是在农产品品牌制度的约束之下，其生产经营行为必须遵守农产品品牌制度的规范和标准，农户生产农产品的科技水平和投入水平也会大幅提高，从而获取更高的收入，农户的生产经营也会进入良性的循环之中。随着时间的推移，这会逐渐变成农民的自觉意识，科学、安全生产并提高产品质量会成为农户的自觉行为，其经营能力变得可持续、可发展。

（2）农产品品牌通过降低选择成本和管理成本的机制激励消费者和政府支持安全生产。农产品消费者的购买行为可划分为五个基本环节，即农产品需求产生、信息收集、备选集建立、优选决策、实施购买。其中，花费成本最多的是信息收集和优选决策环节。对消费者而言，其一，消费者利用承载了承诺和信誉的品牌进行信息收集，将会大大地降低成本和提高效率；其二，品牌集合了农产品的特定利益点，消费者直接根据品牌所代表的特定利益点进行择优决策，节约选择成本；其三，与没有品牌的农产品相比，品牌所承载的农产品信息更加详细、全面，消费者可以通过农产品品牌了解其产品质量、产品特点、产品功能等信息，从而消除消费市场的逆向选择现象。

对政府而言，其一，品牌具有外部性和公共产品的特征，农产品品牌建设在实现农业企业目标的同时，也是在实现政府目标，从而更好地提升农产品质量安全水平和农业整体发展水平，增加农民收入，切实保障消费者的健康；其二，农产品质量安全体系、安全管理体制和法律法规体系的建设，会增加政府的监管成本，因为要更好地对这些方面进行合理管理，就要设立更多的政府管理机构，需要更多的管理人员参与其中，而企业对产品质量的保证和产品品牌的保护，则能够减少政府的监管成本，提高政府的管理效率；其三，农产品品牌战略的成功实施能够使得农业企业更加积极地、自觉地生产农产品，使更多优质农产品能够出口到海外，提升出口农产品的质量水平，从而向世界展现出中国农产品的优良质量，使中国农产品在世界上占有一席之地，增加我国农产品出口，同时还能够提升我国政府在农产品质量管理方面的国际形象，提升我国"农产品国家品牌"的国际地位。

（二）推进农产品品牌建设与质量安全提升的基本路径

基于农产品品牌建设与质量安全提升的内在机理关系，可在统合两者的基础上，以建设主体为根本，以科技支撑为关键，以特色优势为基础，统合两者的发展与提升，把没有品牌的变成有品牌，把有品牌的变成大品牌，把大品牌变成强势品牌，进而提升农产品质量安全水平，满足消费转型升级的需求和农业发展转型升级的需求，实现质量兴农的目标。

1. 确认利益相关主体的角色和努力方向

利益相关主体的基本角色功能是明确的，但对此也要处理好长期与短期的关系。要随着实践和政策变化适时地作出动态性的调整，突出各类主体的优势，明确某阶段内各类主体的努力方向和重点任务。政府应当运用政府的公信力和权威性，对农产品品牌进行政策扶持和制度规范，整合各种农产品品牌建设相关资源，建设适宜农产品品牌建设的良好环境，加强农产品质量标准体系建设，更好地对农产品品牌进行规范管理，从而提升农产品品牌认知的公信力，提高农产品品牌在公众心目中的信誉度，保护好农产品品牌的建设和促进其进一步发展。农业行业协会应当强化对农产品品牌建设和质量安全提升的自我监督与行业自律，在这个基础上更好地对农产品品牌建设进行保护、协调、管理和服务，进一步为农产品品牌建设保驾护航。农业企业要了解各农业产品的特点与详细信息，明确农产品品牌定位，确定好农产品品牌战略，将其贯穿农产品生产、加工、流通、营销各环节，同时还要对各个环节加以管理和优化，提高农产品生产的效率与质量，提升农产品的附加值，提高农产品的市场竞争力。各农业企业要根据农产品本身、农产品品牌与农产品市场建立科学合理的定价和调价机制，塑造良好的农产品企业形象和品牌信用度，通过不断宣传，扩大品牌知名度，积淀潜在品牌创建能力。同时还要向农户大力宣传农产品品牌，加大对农户的培训力度，增强农户的农产品质量安全意识，使其生产出更加符合标准要求的农产品，提高农民组织化、市场化、社会化程度，对农产品生产供应体系加以完善，改进监管制度，加大执法力度，从而提高违法成本与监管效率。

2. 走稳科技化、信息化、标准化的支撑之路

在品种和品质结构上更符合市场细分、市场分层的需要，获得最大效益。科技化是品牌建设的关键，科技含量的高低是农产品之间的最大区别，

是体现农产品品牌价值的关键，要把科技成果转化为现实的生产力，把现代农业发展的最新成果转化为市场的实际产品，取得经济、社会和生态的最佳效益，达到高产、优质、高效的目的。信息化是品牌建设的基础，要依托信息体系建设，建立绿色安全清洁的生产规程和管理流程，建立基于互联网技术的全程可追溯体系，强化农产品质量安全规范和体系建设，提高农产品质量安全水平，为品牌建设提供必不可少的支撑体系。标准化也是品牌建设的基础，我们要更加重视生产的规范化、包装的规格化、流通的有序化和品质的标准化，使之符合市场信息调整生产标准和技术规程。

3. 打造集复合优势于一体的吸睛品牌

在品牌建设过程中，特色化是基础，对于农产品品牌来说也是如此。要吸引消费者的注意力，使他们关注到农产品品牌，就要在"特"字上下工夫，充分挖掘农产品的生态价值、文化价值、经济价值、社会价值，凸显出农产品的独特性，提高其市场竞争力，从而使农产品品牌真正成为区域制造、中国制造、现代农业发展的重要标志和符号。在品牌建设过程中，区位优势是依托，不同地区有着不同的地理优势、气候条件，所生产出来的农产品也有着不同的特点。依托区位优势建设农产品品牌，可以更好地发挥不同区域、不同企业、不同产业的特色，从而生产出集自然、地理、人文等复合优势于一体的区域性农业品牌。在品牌建设过程中，市场优势是根本，要以消费者为中心以市场需求为导向，以提高消费者忠诚度为目标，把满足消费者需求和赢得消费者的满意作为出发点和落脚点，根据各地的人口特点，确定不同类别的目标市场，并在此基础上统合大众市场和小众市场，统合细分市场和差异市场，发挥农业品牌的最大发展优势，让消费者获得更多实惠和享受塑造农业品牌。

农业品牌化是一个长期过程，要在实践中不断探索，在探索中深化认识，在认识深化的基础上不断创新，以此产生良性循环，从而真正地实现农产品品牌建设目标。因此，在建设农产品品牌的时候，不可操之过急，要有精益求精的工匠精神，要有"十年磨一剑"的执着精神，要有坚守国家、行业、环境等标准和行业规范的底线思维；要有危机意识，时刻准备好应对品牌建设过程中出现的各种问题；要有打造"百年老店"的专业情怀，在一段比较长的时间内始终保持着较为饱满的热情和理想；贯彻始终，持之以恒，使农产品品牌能够真正成为值得人们信赖的品牌，从而更好地增加农民的收益，提高农业生产过程中的效率和质量。

第三节 "三品一标"与农产品品牌建设

一、"三品一标"的概念及作用

（一）"三品一标"的概念

"三品一标"的"三品"指无公害农产品、绿色食品、有机食品，"一标"是农产品地理标志产品，统称为"三品一标"。"三品一标"是政府主导的安全优质农产品公共品牌，是当前和今后一个时期农产品生产消费的主导产品。纵观"三品一标"发展历程，虽有其各自产生的背景和发展的基础，但都是农业发展进入新阶段的战略选择，是传统农业向现代农业转变的重要标志。

1. 无公害农产品

无公害农产品是指产地环境和产品质量均符合国家普通加工食品相关卫生质量标准要求，经政府相关部门认证合格并允许使用无公害标志的食品。这类食品不对人的身体健康造成任何危害，是对食品的最起码要求。我们的食品均应符合这种食品的要求，所以无公害食品是指无污染、无毒害、安全的食品。2001 年，农业农村部提出"无公害食品行动计划"，并制定了相关国家标准，如《无公害农产品产地环境》《无公害产品安全要求》和具体到每种产品如黄瓜、小麦、水稻等的生产标准（见图2-3-1）。

图 2-3-1　无公害农产品标志

2. 绿色食品

绿色食品是指无污染、优质、营养食品，经国家绿色食品发展中心认可，并能够使用绿色食品商标的产品。由于与环境保护有关的事物在我国通常都冠以"绿色"，为了更加突出这类食品出自良好的生态环境，因此称为绿色食品。绿色食品分为两级，即 A 级绿色食品（生产条件要求较低的食品）和 AA 级绿色食品（要求质量较高，与有机食品要求基本相同）。20世纪 90 年代，我们国家提出绿色食品的概念，相继也制定了相应的标准如《绿色食品产地环境技术条件》《绿色食品生产农药使用准则》和《绿色食品生产化肥使用准则》等（见图2-3-2）。

图 2-3-2　绿色食品标识

3. 有机食品

有机农产品是指根据有机农业原则，生产过程绝对禁止使用人工合成的农药、化肥、色素等化学物质和采用对环境无害的方式生产，销售过程受专业认证机构全程监控，通过独立认证机构认证并颁发证书，销售总量受控制的一类真正纯天然、高品位、高质量的食品。有机食品是食品的最高档次，在我国刚刚起步，即使在发达国家也是一些高收入、追求高质量生活水平人士所追求的食品（见图 2-3-3）。

图 2-3-3　有机食品标志

4. 农产品地理标志产品

农产品地理标志是指标示农产品来源于特定地域，产品品质和相关特征主要取决于自然生态环境和历史人文因素，并以地域名称冠名的特有农产品标志。农业农村部负责全国农产品地理标志的登记工作，农业农村部农产品质量安全中心负责农产品地理标志登记的审查和专家评审工作。省级人民政府农业行政主管部门负责本行政区域内农产品地理标志登记申请的受理和初审工作。农业农村部设立的农产品地理标志登记专家评审委员会，负责专家评审。申请地理标志登记的农产品，应当符合下列条件：称谓由地理区域名称和农产品通用名称构成；产品有独特的品质特性或者特定的生产方式；产品品质和特色主要取决于独特的自然生态环境和人文历史因素；产品有限定的生产区域范围；产地环境、产品质量符合国家强制性技术规范要求。农产品地理标志是集体公权的体现，企业和个人不能作为农产品地理标志登记申请人。符合下列条件的单位和个人，可以向登记证书持有人申请使用农产品地理标志：生产经营的农产品产自登记确定的地域范围；已取得登记农产品相关的生产经营资质；能够严格按照规定的质量技术规范组织开展生产经营活动；具备地理标志农产品市场开发经营能力。使用农产品地理标志，应当按照生产经营年度与登记证书持有人签订农产品地理标志使用协议，在协议中载明使用的数量、范围及相关的责任义务。

（二）"三品一标"的作用

1."三品一标"的品牌识别作用

与其他农产品相比，具有"三品一标"的农产品的信息能够被更好地追溯。这主要是因为"三品一标"具有品牌识别作用，它能够标识好农产品的生产地域、特色及安全类别，同时还规定了产品的生产工艺与产品质量。当消费者购买了具有"三品一标"的农产品之后，如果想要获得更加具体的信息，就可以对农产品进行追根溯源，这样不仅可以了解它的详细信息，还可以有效地识别假冒伪劣产品，确保自己买到真品。

2."三品一标"的市场推广效应

"三品一标"的申请主体主要是农业企业、合作社、行业协会等，因此，与其他农产品相比，具有"三品一标"的农产品要更加受到市场的认可，消费者对"三品一标"农产品的质量也更加信赖。而且，"三品一标"农业产品还具有丰富的地域和文化内涵，这就使得其具备市场推广效应，不仅能够减少宣传成本，还能够提高农产品的市场竞争力，从而扩大销量，使人们获取更高的收益，同时还能够促进地方经济的发展。

3.地理标志特有的公共品牌效应

商业商标属于个人，而地理标志则属于集体，它是一个集体性商标，政府承担着地理标志的品牌设计和宣传等成本，只要在同一个地理区域内，符合规定的生产经营者都可以免费使用这个公共品牌来宣传和销售自己的产品，从而更好地提高产品的市场竞争力，获得更大的经济效益。当然，在这个特殊地理区域之内，所有的生产经营者都要自觉地共同维护这个公共品牌。因此，它的影响范围更广、传播速度更快、宣传成本也更低。

二、"三品一标"与农产品品牌建设关系

近年来，农业部门坚持一手抓现代农业园区和农村主导产业发展，一手抓农业标准化生产，强力推进"三品一标"认证，并将"三品一标"认证作为推进现代农业发展、保障农产品质量安全、增强农产品市场竞争力的有力抓手，以"三品一标"认证助力现代农业发展。它能够更好地转变农业发展方式，促进农业标准化生产，提升农产品质量安全水平，从而更好地保障农产品消费安全，适应国内外市场需求，推进现代农业的进一步发展。

发展"三品一标"是建设现代农业的重要抓手。传统农业中，人们的农业生产方式比较松散，系统化、标准化生产意识理念比较薄弱，在这种情况下要发展"三品一标"并不是一件容易的事情。"三品一标"遵循现代农业的发展理念，坚持基地化建设、标准化生产和产业化经营，追求生态、环保、优质、安全与可持续发展，它是推动农业发展方式由传统化转向现代化的有效载体和成功模式。"三品一标"通过抓标准、保质量、创品牌，具有快捷入市、顺畅销售、品牌信誉、优质优价等方面的综合优势，对于促进农业增效、农民增收具有重要作用，也是一个

重要载体。

发展"三品一标"是促进提升农产品质量安全水平的现实途径。目前，从总体上看，我国的农产品质量安全水平比较稳定，并在不断提升之中，但是，实际上，某些情况下农产品质量仍然会出现一些问题，存在着风险隐患。为了解决这些风险隐患，让人们吃得放心，必须从源头上投入大量精力。这就需要进一步发展"三品一标"，确保农产品的生产符合技术标准和制度规范，强化对全程的质量控制，促进农业标准化生产，进一步提升农产品的质量安全水平。

发展"三品一标"，不仅能够使农业更好地由数量向着质量效益转型，同时也能够更好地建设我国的农产品品牌。我国疆域面积广阔，气候类型丰富，在广博的地域内有着众多不同种类的农产品，但是有相当一部分农产品并没有得到很好的宣传，各地的农产品品牌也没有形成一个完整的产业链，这不利于农产品品牌的建设与发展。要想更好地发展特色农产品，发展农产品品牌，就需要让农民发展"三品一标"农产品，确保农民能够真正地盈利，在一个区域内形成生产、流通、消费、回收等完整的产业链，构建协同发展的政策环境和市场机制。同时，随着互联网技术的迅速发展，为了更好地宣传、拓展客户，还要利用现代化的农产品流通方式来发展"三品一标"农产品，如在淘宝、拼多多等地销售"三品一标"农产品。由传统的线下销售方式转换为线上线下相结合的销售方式，这需要花费众多时间、金钱、人力的成本，也需要政府予以政策上的支持，从而更好地促进可持续发展。我们还可以将"三品一标"农产品出口到国外，吸引国外消费者购买，进行进出口贸易。目前，我国的"三品一标"农产品发展得十分迅速，已经在市场上占据了一席之地，但是各地农产品的质量良莠不齐，这就给"三品一标"农产品发展造成了一些不良影响，归根结底是因为目前农产品领域缺乏发展战略与规划、品牌意识淡漠、市场秩序混乱。

"三品一标"农产品品牌发展战略应成为国家战略，具体来说，一是我国农业转型升级的需要；二是加强"三品一标"农产品品牌建设，有利于推进各地"三品一标"的农产品、生产基地规范有序发展。

第四节　农产品加工与农产品品牌建设

一、农产品加工的概念、必要性和意义

（一）农产品加工的概念

广义的农产品指种植业所收获的产品，包括粮、棉、油、果、糖、烟、茶、菌、花、药等，种类繁多。粮油是农产品的重要组成部分，是人类赖以生存的基础。所以，狭义的农产品，一般指粮油原料。粮油原料一般指农作物的籽粒，也包括富含淀粉和蛋白质的作物根茎组织，如稻谷、小麦、玉米、大豆、花生，油菜籽、甘薯、马铃薯等。农产品加工业是以农业初级产品为原料，进行产品再加工的产业，是当前农业生产系统的重要环节。开发这一产业，对农业生产中的初级产品进行再加工可以成倍地提高现有农产品的经济价值，具有重要的意义。

（二）农产品加工的必要性

农产品加工可以增加产品的附加值。通过农产品加工，农产品可以经过清洗、分级、研磨、提取等处理工序，转化为加工产品，提高其附加值。以水果为例，通过加工可以制成果汁、蜜饯、果酱等产品。这不仅延长了农产品的保鲜期，还增加了产品的销售渠道和利润空间。

农产品加工可以提高产品的稳定性。农产品的产量和质量受到自然因素和季节影响较大，容易受到市场波动的影响。而通过加工，可以将农产品转化为便于储存和运输的加工产品，以降低产品因季节性波动而带来的

销售压力，提高产品供应的稳定性。

农产品加工可以满足消费者多样化的需求。随着人们生活水平的提高，消费者对农产品的品质、口感和功能等方面的要求越来越高。通过农产品加工，可以根据市场需求，加工出各种形式的产品，满足不同消费群体的需求。同时，加工后的产品还更容易满足新的消费趋势和潮流，提升消费者体验。

（三）农产品加工的意义

农产品加工不仅是简单的加工过程，更是提升农产品品质和竞争力的方式。通过加工，农产品可得到更长的保鲜期，减少损耗，从而满足更多消费者的需求。加工还可提高农产品附加值，使其在市场上获得更高的价格，从而增加农民收入。此外，农产品加工可推动农村经济发展，促进就业机会的增加和农村产业多元化发展。通过加工，农产品可变得更加多样化和特色化，提升了农产品品牌竞争力，增加了消费者对农产品的认可度和忠诚度。因此，农产品加工对于农村经济发展和农民收入的增加具有重要意义。

二、农产品加工与农产品品牌建设关系

（一）农产品加工是提升农产品品牌竞争力的重要手段

随着人们对食品安全和品质的关注度不断提高，农产品加工已成为提升农产品品牌竞争力的重要手段。农产品加工不仅是简单加工过程，更是价值转化过程。通过加工农产品能延长保质期，增加产品附加值，提高产品的品质和口感，满足消费者对多样化产品的需求。农产品加工还能促进农产品流通，推动农村经济发展，提高农民收入。因此，研究农产品加工对提升品牌竞争力具有重要意义，可为农产品市场推广和销售提供有效支持。

通过加工，农产品可变得更加多样化，满足不同消费者的需求，而这种多样化的产品选择正是市场竞争力的体现。农产品加工不仅可以提高产品附加值，还可以提升品牌知名度和美誉度。当消费者对某个品牌的农产品加工品有了认同感，就会更加信任和选择这个品牌，从而增强了品牌竞争力。因此，农产品加工对于提升品牌竞争力来说至关重要。通过不断创新和改良加工技术，农产品加工行业可以不断提升自身竞争力，实现更高的市场份额。

（二）农产品加工有助于实现农产品品牌的差异化和特色化

在农产品市场中，品牌差异化和特色化是吸引消费者的重要因素。农产品加工可以根据市场需求和消费者偏好，对农产品进行深度加工和精细加工，开发出具有独特口感、营养价值和健康功能的加工品。这种加工品不仅能够满足消费者的多样化需求，还能够形成品牌的独特卖点，提升品牌的差异化和特色化。例如，通过加工可以将普通水果制成果汁、果酱等特色产品，赋予其更多的附加价值。当消费者在众多品牌中看到具有独特卖点的农产品加工品时，更容易产生购买欲望，从而增加品牌的市场份额。因此，农产品加工有助于实现农产品品牌的差异化和特色化，提升品牌在竞争激烈的市场中的竞争力。

（三）农产品加工与农产品品牌建设相互促进

农产品加工与农产品品牌建设是相互促进的关系。一方面，农产品加工为农产品品牌建设提供了有力的支撑。通过加工，农产品可以转化为高品质、高附加值的加工品，提升品牌的市场竞争力。同时，加工过程中的技术创新和品质控制也为品牌建设提供了有力的保障。另一方面，农产品品牌建设也为农产品加工提供了更广阔的市场空间和发展机遇。品牌知名度和美誉度的提升，可以吸引更多的消费者选择该品牌的农产品加工品，从而增加加工品的销售量和市场份额。这种相互促进的关系有助于实现农产品加工与农产品品牌建设的良性发展，推动农村经济的持续繁荣和发展。

综上所述，农产品加工与农产品品牌建设具有密切的关系。农产品加工是提升农产品品牌竞争力的重要手段，有助于实现农产品品牌的差异化和特色化，促进农产品品牌建设。同时，农产品品牌建设也为农产品加工提供了更广阔的市场空间和发展机遇。因此，在推动农村经济发展的过程中，应充分重视农产品加工与农产品品牌建设的关系，加强两者的融合与协同，共同推动农村经济的持续繁荣和发展。

第三章　农产品品牌建设流程

农产品品牌建设是一个系统性的工程，有多个步骤。本章为农产品品牌建设流程，分别介绍了四个方面的内容，依次是农产品品牌规划、农产品品牌创建、农产品品牌培育、农产品品牌保护。

第一节　农产品品牌规划

品牌规划是农产品品牌建设的第一环节，是为品牌建设寻找优质资源，并设立目标与方向。要根据品牌的核心价值，进行全面科学的品牌调研与诊断，充分研究市场环境、行业特性、目标消费群、竞争者及企业本身的优势和劣势，为下一步的品牌建设提供详细、准确的信息导向，并在此基础上，提炼清晰的、明确的、易感知的、有包容性、高差异性、能触动和感染消费者内心世界的品牌核心价值，最终对品牌进行一个科学的定位。品牌规划主要包括四方面内容：一是优质资源调研；二是确定品牌发展目标；三是了解竞争对手；四是找到消费群体。

一、选择优质资源

创建农产品品牌选择资源很重要，这是决定品牌成败的关键。一定要对当地的农业资源进行全面的分析和调研，一方水土养一方动植物，产地、品种和文化，是决定农产品品牌建设是否成功的决定性因素。农业战略的根，往往存在于不可替代的产地和文化中，一定要选择优质资源，选择有需求、有基因、有未来的品类去做。一定要搞清楚三件事，即想做什么？为什么？凭什么？而且不仅要明白自己想做什么、在哪儿做，在某种程度上更重要的是要明白自己不能做什么，要知止。

中国地域辽阔，幅员广大，山地、高原、平原、丘陵等地形复杂，气候多样，农业历史悠久，各地优质资源丰富。截至 2022 年 10 月，中国累计批准地理标志产品 2 495 个，核准地理标志作为集体商标、证明商标注册 7 013 件。2021 年，地理标志产品直接产值突破 7 000 亿元。尽管如此，各地还潜在大量优质的农业资源。各个生产经营主体或组织在创建农产品品牌的时候，一定要优先开发那些人文历史积淀深厚、品质独特性强、产品溢价率高、有开发潜力的优质农产品，特别对优势地理标志产业的产品进行重点开发，打造一批世界级的地理标志农产品品牌，提高中国文化软实力，形成新的经济增长极，然后以点带线，以线带面，循序渐进地打造世界知名品牌。各经营主体、龙头企业，也可借势本地已注册的地理标志品牌，打造自己的市场代表性企业品牌。

优势资源的调研选择，主要依据三个原则：一是选择当地资源中最具特色及相当规模的品类；二是选择溢价能力最强、升值空间最大的产品；三是选择未来消费趋势最强、市场未饱和的农产品或新品种。

二、确定品牌发展目标

找到了优质资源，找到自己的核心竞争力，就明确了自己想做什么、能做什么。下一步就要设定好品牌发展目标，才能顺理成章找到自己的发展路径，才知道自己该怎么做。好的目标会给品牌发展带来方向感和探索感，会激发巨大的创造力和进取精神，会引领企业勇往直前地发展。

当然，目标的确定不能好大喜功，要有一定的科学性，科学的品牌目标是着眼于长远利益和现实利益、局部利益和整体利益的综合反映。科学的目标不能以现在规划未来，而是要以未来规划现在。

威海市下属县级市的知名农业品牌乳山牡蛎，就是设定了要打造闻名世界的"牡蛎之乡"的目标，才明确了发展方向，最终找到了循序渐进的品牌发展路径。

横县茉莉花之所以在战略目标上设定为打造世界四大花都，就是基于未来横县将要成为世界茉莉花之都的目标，才找到全球视野的横县茉莉花之路。

确定品牌、发展目标的过程，也就是给品牌定位的过程。而农产品品牌定位，不仅仅是市场定位，更重要的是在消费者心目中的定位，所以品牌定位要遵循以下原则：

一是"第一名"定位。做不了全球第一，就做全国第一，做不了全国第一，就做全区域第一，做不了全区域第一，就做全品类第一，总之一定要在消费者心目中植入第一名的定位。如山东章丘大葱，最高能达到 2.5米，比球星姚明都高，真的再也没有比它更高更大的葱了。

过去山东是全国果业产量最大的省，但陕西苹果自 1947 年引进种植以来，经历了种植、品牌构建、质量监管、文化引领四个阶段，几十年如一日的发展，到如今，世界上每生产七个苹果，就有一个产自陕西洛川，陕西苹果成为消费者心目中的全国县域苹果第一。

二是"第二名"定位。如果选择的资源产品在社会上已经有了实力雄厚的、品牌知名度很高的而且地位难以撼动的第一的地位，那么也可以做在消费者心目中第二的定位。否则，如果不自量力和第一去不对等竞争，那就等于拿鸡蛋碰石头，必然是一败涂地。

三是品牌空白定位。所谓品牌空白定位是指选择稀缺资源，打造人无我有的品牌农产品。2016 年 4 月 28 日，农业农村部发布《全国种植业结构调整规划（2016—2020 年)》，该规划对我国油料作物的发展提出了新的主张，提倡"两油为主，多油并举"的发展规划，建议在适宜的地区示范推广油用牡丹、油莎豆等，增加新油源。

油莎豆又名虎坚果、铁荸荠，号称地下核桃。油莎豆营养成分与奶类似，口感独特，被美国人称为"使人震撼的饮料"。高镁含量有助预防心肌梗死、动脉硬化等心血管病；高锰含量有助预防骨质疏松，调节胰岛素的生成；它含有比橄榄油更高的亚油酸和亚麻酸，且不含胆固醇，能预防"三高"疾病；能量价值非常高，含最基本氨基酸物质精氨酸，适合儿童及运动人群；低钠，不含咖啡因，适合高血压者。油莎豆推荐用于肾功能不全者；它含有可溶性纤维、氨基酸和淀粉而有很好消化的特点；由于含有大量的水分，是很好的利尿剂。它不含乳蛋白、乳糖果糖，糖尿病人可用。乳山市乳山寨镇农场主于灵年发现这一目前稀有的油料作物，便引进种植油莎豆，最终打造成一个由莎豆油为主打的产品，并逐步延伸至饮料、食品等系列的品牌产业（见图 3-1-1）。

图 3-1-1　油莎豆

三、了解竞争对手

通过认真细致调研，无论最终选择什么资源、什么品类、什么农产品，都要深入全面了解这一产业、这一品类甚至这一产品的市场现状，竞争对手是谁，真正了解竞争对手的市场定位和企业实力，明确竞争对手的弱点，找出自身优势，有的放矢，才能更精准地找准自己的市场定位，更科学地设置自己的品牌产品发展目标，提高品牌创建的成功率，少走弯路。

仲景香菇酱是由仲景宛西集团旗下仲景食品研制生产的。研制之初，企业就找准了他们的竞争对手——老干妈辣酱。无数调味酱产品屡战屡败，仲景香菇酱如何才能在对老干妈高度忠诚的品牌市场里，找到自己的一席之地和生存空间呢？经调研，企业发现消费市场一直把酱菜作为餐桌上的配角，主要消费价值和定位是下饭。仲景香菇酱与之相比，以香菇为主要原料，营养价值高，适应性强，这是最大的优势和不同之处。仲景食品独创的菇类发酵技术，使生产出来的香菇酱自然、浓郁，有嚼劲，回味悠长，完全可以大口吃。"香菇酱，肉一样"，一经推出，即引爆香菇酱热潮，开启了营养佐餐新时代，成为继老干妈之后，又一现象级餐桌食品品牌新贵。"营养佐餐"，是企业为仲景香菇酱的实效定位，这个定位一举将酱菜市场切分成两大阵营：营养佐餐酱和非营养佐餐酱。以仲景香菇酱为代表的是营养佐餐酱，以老干妈为代表的是开胃下饭的非营养酱，这有助于仲景香菇酱在未来的中国调味酱菜市场中形成与老干妈品牌双子座的市场格局。

四、找到消费群体

科学的品牌规划，不仅要精准地找到市场竞争对手，而且要明确目标消费群体，才能进行市场标准定位和有针对性的产品设计。如何找到消费群体呢？必须围绕目标人群的喜好、认知、习惯、行为来提炼品牌态度和价值主张，找到目标人群的物质及精神需求的消费动因，从而采用消费心理学而不是人口统计学的方法，清晰界定将要创建的品牌农产品未来的目标消费人群。比如说，必须明确自己的产品主要目标消费群体是儿童还是老人，是大众消费还是中产阶级消费，是低端市场、平价市场还是高端市场，是国内消费者还是国外消费者等。

威海市大孤山镇上石灰刘家村，党支部书记刘红参加乳山市农广校组织的新型经营主体带头人培训后，回村后就实施了党支部领办合作社计划，成立了三赢果蔬专业合作社，主打品牌农产品是册梨。据当地史料记载，这种梨是当年进贡朝廷的贡品，所以也叫贡梨。它的最大特点是成熟后面、甜，贮存期短，很适合无牙的老人食用，所以合作社就打造了一个"婆婆梨"的品牌。这种梨正好也在重阳节前后成熟，所以就选择定位于老年人的消费群体，使之成为当地区域孩子们孝顺老人的必备农产品，很快点燃市场，价格也比原来翻倍的增长（见图 3-1-2）。

图 3-1-2　贡梨

第二节　农产品品牌创建

通过对当地及周边优质资源的详尽调研及分析，选择出适合企业或经营主体自己想要发展的优质资源和产品，并且对竞争对手和市场目标消费群进行全面的分析和可行性认证，确立企业的市场定位和品牌农产品的发展目标和方向，下一步就进入了品牌创建的阶段。品牌创建需要完成六个方面的内容：品牌命名、注册商标、广告设计、包装设计、品牌定价及选择销售渠道。

一、品牌命名

为农产品品牌命名，实际上是选择适当的文字来代表产品。对消费者而言，品牌名称是引起其心理活动的刺激信号，其基本心理功能是帮助消费者识别和记忆商品。品牌名称的好坏，给消费者的视觉和听觉刺激、感受程度和心理上引起的联想和兴趣差别很大，对生产企业产生的认知感也因此不同。也可以说，品牌名称是品牌形象设计的主题和灵魂。一个好的品牌名字，就是企业的储蓄罐，每一次传播推广，都是往储蓄罐里存钱，积累品牌资产。给品牌起一个好的名字，能一"名"惊人，一个与众不同的品牌名字能像钉子一样钉在消费者的心中。具体农产品品牌命名当遵循以下六原则。

原则一：通俗上口易传播。品牌名只有通俗易懂，易读易记，才能高效发挥它的识别传播功能。品牌命名时做到响亮上口，有助于建立和保持品牌在消费者心目中的形象。

原则二：具备美好的文化寓意。品牌名称要清新高雅，不落俗套，充分显示品牌农产品的品位和档次。有一种品牌苹果叫"维纳斯黄金"，因为它是金帅和号称"果中贵族"的蛇果杂交选育而来的，所以是高桩苹果，果型很美、果皮艳黄、香气浓郁、甜脆味美，犹如西方代表至美的女神，所以给它起了这样一个既浪漫又富有美好寓意的名字（见图3-2-1）。

原则三：具有相对包容性和趣味性。根据企业的发展目标、业务开展和品牌结构，命名时考虑品牌的相对包容性，有利于企业日后进行品类、业务的品牌延伸，典型代表如"三只松鼠"。它最初主要是营销坚果的，随着品牌知名度的提高和业务的拓展，后来就延伸到干果类。这种延伸是自然的，因为它当初命名的"三只松鼠"本来就是相对包容的。如果它当初起名叫××坚果，那么后期的品牌延伸就不能顺理成章了。

图 3-2-1　"维纳斯黄金"苹果

原则四：功能暗示性。要充分体现产品的属性和能给消费者带来的好处，从而通过视觉的刺激，使消费者产生对企业认知的需求和对产品购买的欲望。从产品的产地、功能、特点、形态等产品属性来命名，让消费者从它的名字一眼就能看出它是什么产品，产于什么地方或者有什么功能和好处，如"西湖龙井""湘西黑猪""新自然草莓""盱眙龙虾香米"等。家庭农场的品牌中带上产地的名称，有优点也有缺点，优点是可以借势产地的资源名声和历史积累形成的质量声誉进行宣传，省力省钱，特别是地理标志产品；缺点是容易被当成区域品牌，被侵权。

原则五：可注册，可保护。品牌命名要合法，在设计品牌名称时要遵循《中华人民共和国商标法》和《中华人民共和国知识产权法》的有关规定。一个好的注册商标是稀缺资源，是独一无二的，是不可复制的，这样才能通过注册，才能够在法律上受到保护，这也是品牌命名的首要前提。

原则六：尊重民族习惯。品牌命名应注意民族习惯的差异性，这样树立的企业形象才更有效，更有针对性、准确性。国内外各地区、各民族的禁忌、习俗都不同，所以品牌的命名应慎之又慎，从而避免不必要的矛盾和纠纷。

二、注册商标

注册商标是指经政府有关部门核准注册的商标，商标申请人拥有商标专用权。注册商标享有使用某个品牌名称和品牌标志的专用权，这个品牌名称和品牌标志受到法律保护，其他任何企业都不得仿制或使用。

（一）商标基础知识

农产品商标是指农产品的生产者和经销者在其生产、加工、经销的产品上或者提供的服务上采用的，用于区别其他农产品或者服务来源的，由文字、图形、字母、数字、三维图标、颜色或者声音等组成的，具有显著特征的标志。

1. 商标标记

《中华人民共和国商标法实施条例》规定，使用注册商标，可以在商品、商品包装、说明书或者其他附着物上标明"注册商标"或者注册标记。注册标记包括"®"。使用注册标记，应当标注在商标的右上角或者右下角（其中，R 是 REGISTER 的缩写）。有的商标右上角加注 TM，TM 是 TRADEMARK 的缩写，美国的商标通常加注 TM，并不一定是指已注册商标。

2. 商标的作用

从广义上讲，商标对商标注册人是一种奖励，使其商品或服务得到承认和经济效益，也鼓励创作和积极的态度。商标保护还可阻止诸如假冒者之类的不正当竞争者用相同或相似的标记来推销低劣或不同的产品或服务。商标制度能使有技能、有进取心的人在尽可能公平的条件下，进行商品和服务的生产与销售，从而促进国内和国际贸易的发展。

3. 商标名称

商标名称与品牌名称本质上应当是完全统一的。商标名就是经过注册的品牌名，我们对商标进行注册，就是为了对品牌进行保护，因为国家法律保护的是经过注册的商标名。但部分企业对品牌与商标的关系没搞清楚，甚至误认为商标名和品牌名应该不一样，必须有一个商标名，然后再起一个品牌名。实际上这是大错特错的，如果商标名和品牌名不一样的话，那么企业的品牌名在法理上就可以任人使用，就没办法通过法律进行保护了。

4. 品牌 Logo

Logo 是商标的英文说法，起源于希腊语 Logos，意思是"文字"。Logo还可以追溯到上古时代的"图腾"。那时，每个氏族和部落都有一种与自己有某种神秘关系的动物或自然物象，作为氏族或部落的特殊标记（即称之为图腾）。如女娲氏族以蛇为图腾，夏禹的祖先以黄熊为图腾，还有的以太阳、月亮、乌鸦为图腾等。最初人们将图腾刻在居住的洞穴和劳动工具上，所以至今的 Logo 设计也是各种各类，有文字 Logo、图形 Logo、图像 Logo，还有结合广告语的 Logo。现在作为企业品牌的 Logo 主要起到对拥有品牌产品的生产经营主体的识别和推广的作用，通过形象的 Logo 可以让消费者记住企业主体和品牌文化。

而所谓 Logo 设计，就是对这一品牌标志的设计。在一个企业之中，Logo十分重要，应用十分广泛。它是企业形象的浓缩，展现出企业的产品、服务以及整体实力等信息，经过公司的反复策划与不断宣传，能够给人们留下深刻的印象。Logo 应遵循简洁明了、独特、醒目、易区分、易记忆，以及很难被模仿、被复制的原则。另外，完整的 Logo 设计，在当今国际化的要求下，一般还应考虑至少有中英文双语的形式。

如图 3-2-2 所示，是浙江蓝美集团股份有限公司的 Logo。蓝美集团是浙江省诸暨市一家专注于蓝莓产业的公司，它在 2010 年成立，有着蓝莓从苗木选育、种植、原料到深加工、休闲旅游等的全产业链服务模式。从图中来看，该公司 Logo 主要由手掌和蓝莓组成。蓝莓代表着该公司一系列的蓝莓产品，手掌则是代表着合作，蓝莓在手掌里，手掌将蓝莓高高托起，代表着公司高度重视蓝莓系列产品的质量与研发，以满足消费者的需求，同时也代表它注重同其他客户的友好合作，在不断改进中发展。

图 3-2-2　蓝美集团 Logo

（二）注册商标的意义

从国家法律层面来说，注册商标可以保护自己的商标不受侵犯，不被他人使用，可以维护商品的信誉和形象。另外，注册的商标不仅可以增强消费者的认同感，还可以增强企业自身维护品牌价值的信念，提升品牌形象。

因此，对于一个企业来说，注册一个商标显得尤为重要。除此之外，注册商标还有很多好处，下面进行简要叙述：

（1）一个企业所注册的商标只能供本企业使用，其他企业与产品均不得使用，否则会构成侵权，商标展现了商品的独属性，保护了品牌的价值。

（2）由于商标只能独属于某一个企业或产品使用，当在其他地方看到这个商标的时候，人们自然而然地会想起某个企业或产品，从而形成了一种十分独特的品牌形象，也给予了消费者一定的市场认同感。

（3）企业注册商标之后，如果不想再继续使用，就可以对这一商标进行抵押或转让。

（4）企业注册商标之后，可以利用商标进行国际贸易，拓展国外市场，获得国际认同。

（三）注册商标与未注册商标的区别

注册商标是指使用商标者按照法定手续向国家商标局申请注册，经过审核后准予核准注册的商标，而未注册商标是未经过商标注册而在商品或服务上使用的商标。

1. 注册商标受法律保护

《中华人民共和国商标法》（以下简称《商标法》）第三条规定，经商标局核准注册的商标为注册商标，商标注册人享有商标专用权，受法律保护。

2. 对未注册商标的保护

《商标法》中有关未注册商标的保护，体现了三个特点：

（1）受《商标法》保护的未注册商标有两种，包括未注册驰名商标和有一定影响的未注册商标。

（2）两种未注册商标的权利不同。予以未注册驰名商标以专有使用权，而对有一定影响的未注册商标仅赋予其优先注册权。

（3）普通未注册商标不受《商标法》的保护。《商标法》对普通未注册商标的保护没有作出明确的规定，因此，其始终处于一种无权利保障状态，随时可能因他人相同或近似商标的核准注册而被禁止使用。因此，要想有保障地使用普通商标，最好将其进行注册。

（四）商标注册存在的问题

1. 概念不清

以上列举的这几个案例都是农产品区域公用品牌，也是这些地方的地理标志产品，这里需要澄清一下地理标志和商标的区别。地理标志本身并不是商标，我们来梳理一下相关概念。

农产品地理标志是指原农业部（现农业农村部）经过审批认定的地理标志农产品的称号。农产品地理标志申请的产品范围只能是来自种植业、畜牧业、渔业的初级产品，不包括经过加工的各类产品。

地理标志产品是指经原国家质量技术监督局（现国家知识产权局）审批认定的地理标志的称号。地理标志产品申请的产品范围除了农牧渔业的初级产品以外，还包括原材料全部来自本地区或部分来自其他地区，并在本地区按照特定的工艺生产和加工的产品。也就是说，除了《农产品地理标志管理办法》中所称的农业的初级农产品外，还包括加工后的产品。

地理标志证明商标是指在原工商总局商标局（现国家知识产权局）经过商标注册的地理标志的称号。地理标志商标对于申请的产品的范围限制很少，主要审查产品上用于识别的标志是否具有显著性，并不与在先权利相冲突。

商标和地理标志的主要区别有以下六点。

一是权利主体不同。商标是由特定的商品生产者或服务提供者在某一特定商品或服务上使用的，这种使用通常是个体使用，商标的所有权归注册者个人所有。但是，地理标志的权利主体是该区域内的生产者长期使用，共同所有、传承。因此地理标志的权利主体是该区域内符合准入条件的众多生产者，是一群人。

二是功能不同。商标的作用在于区分商品或服务的生产者或提供者，体现产品的差异。而地理标志具有更丰富的信息传递功能，地理标志的作用在于指示商品特殊的地理来源及商品的品质声誉或特性与地理来源之间的关系。

三是权利期限不一样。商标一般都有权利期限，正常情况下，商标到期而不续展，该商标就不再受法律保护。而地理标志则与此不同，它并不是按照人为是否续展来看的，而是与当地的地理环境、人文因素等有关。地理标志产品与特定地理区域内的环境、历史传统等都有着联系，地理标志一旦确立后，只要特定区域内的地理环境、人文因素等不发生变化，那么它就会一直受到法律保护。

四是排他性不同。相对来说，商标的排他性比较强，地理标志的排他性比较弱。企业注册商标的目的就是要与其他商品或服务区别开来，展现出其独特性。当商标一经注册之后，其他人便没有使用这个商标的权利了。但是，地理标志却不是这样，它主要与生产者所在的区域有关，在特定区域之内，只要符合该区域内的生产条件、质量要求、工艺流程等，该区域内的生产者就可以使用该地理标志，而其他区域的生产者则不可以使用这个地理标志。

五是构成要素不同。商标可以由文字、图形或组合组成，只要不违反商标法有关的禁止性规定，任何文字、图形或其组合皆可成为商标，而且其文字或图形可能并不表示任何含义，只要起到区别作用即可。地理标志可用文字或图形表示，但其文字或图形只能是表示特定地理区域的文字或图形。

六是注册要求不一样。商标在申请注册前，对相关产品没有任何信誉要求，商标是先注册，然后凭借自己经营产品的良好质量与信誉使自己的商标获得市场认同，获得品牌效应。地理标志恰恰相反，是特定区域的特定产品在长期的生产经营中，凭借其特定的品质和特性在大众心目中已经形成了良好声誉，在这样的前提下，该产品才能获得地理标志认证并获得相关保护。总之，商标是先注册，然后通过生产经营创造其商誉；地理标志是先创造商誉，而后才能获得地理标志认证注册。

2. 侵权现象严重

有些农产品经营者法律意识淡薄，近20年来，几乎乡乡有品，村村有牌，农产品品牌所有者数量众多，经常发生相互侵权的现象。这些假冒伪劣的农产品影响了真正的品牌农产品的销售，不仅以低廉的价格冲击着市场，而且还严重损害了品牌农产品的品牌形象。同时，农产品质量认证比较困难，特别像蔬菜类，贮存期短，质量检测期长，再加之假冒品牌的营销行为常采用游击战的方式，国家工商质检部门，包括当地政府对农产品的侵权行为至今还没有找到一个行之有效的管理办法，这也是造假侵权现象猖獗的一个主要原因。因此，一方面要提醒有好产品、好品牌的生产经营者一定要抓紧时间提早注册品牌商标，否则会被别人抢注，因为没注册之前是不受法律保护的，所以投诉无门。

如威海培育的"维纳斯黄金苹果"这一品牌名称就被别人抢注了，万般无奈之下，只好改名叫"威海金"。而"维纳斯黄金苹果"这一品牌无论在生产者中还是在消费者心中都已积累了很高的人气，放弃这一无形资产，从头宣传"威海金"，损失很大，推广宣传费用也很高。所以建议那些名气较大的品牌，要维护自身品牌的利益，不仅要抓紧商标注册，为了防止他人恶意假冒，同质化自己的农产品，最好还要根据自己品牌的具体名称进行防御注册。

另一方面，随着我国的改革开放进一步深入，我国的农业经济融入世界大潮的步伐也正在加快，我国的农产品品牌在国际市场中的竞争力也逐渐增强，为了便于之后走出去，在国际市场中进行贸易交流，除了在国内进行商标注册之外，还要在国外进行商标注册，这样不仅可以为之后的发展打下基础，同时也是为了更好地防患于未然。比如，我国的"红塔山"商标，就在印度尼西亚遭到了抢注，这严重影响了它在东南亚地区的销售。除此之外，我国还有很多原产地名称都没有注册证明商标或集体商标，这也不利于这些原产地的产品建立良好的品牌形象和进一步发展，中国地理标志产品一定要树立国际化知识产权意识。

中欧地理标志互认产品是指《中欧地理标志合作协议》确认的产品。这个协议是中国与欧盟之间第一个关于地理标志保护的协议。根据该协议，双方将在地理标志产品中进行筛选、推荐及确认，最终将纳入协议的地理标志产品进行互认保护。中欧在 2007 年就开展了"10+10"地理产品互认试点，首批得到承认的欧洲地理标志产品包括：法国干邑、香槟酒、苏格兰威士忌等，而中方则有平谷大桃、镇江香醋、金乡大蒜、龙井茶、龙口粉丝等。2017 年 7 月，"中欧 100+100"的全面地理标志产品互认互保项目确定。我国农产品如果获得中欧地理标志产品互认，便可在欧盟市场上享受法律保护，可高效便捷地进入欧盟国家的超市，并享受与欧盟地理标志产品相同的优惠政策，各地企业或经济组织应抓紧申请中欧地理标志互认项目。

（五）商标注册资料及流程

商标注册在全国各地区的程序都一样，可以亲自到商标局注册大厅办理，也可以委托在商标局备案的商标代理机构办理。一般申请人应根据自己对商标申请流程的熟悉程度，对相关法律法规的了解情况及个人的经济能力来决定是否自己办理。在商标注册用商品或服务分类每一个类别上，每注册一个商标图样为一件商标。每件商标每申请办理任何一项注册事宜都视为一件申请，应分别提交一套申请书件，并分别缴纳费用。

1. 商标注册所需资料

（1）商标图样。

（2）注册商标所要使用的商品或服务范围。

（3）身份证明文件。

个人申请的：需提交个体工商户营业执照及个人身份证复印件。

企业申请的：需提交企业营业执照复印件。

2. 可以申请注册的商标种类

国家规定可以申请注册的商标种类共有 45 大类,涉农的品类主要在 29 类—34 类的范围。

第 29 类：食品。包括动物类食品,以及日用或贮藏用的蔬菜及其他可食用的园艺产品。具体包括肉、鱼、家禽及肉汁,腌渍、冷冻、干制及煮熟的水果和蔬菜、果冻、果酱、蜜饯、蛋、奶、乳制品、食用油和油脂。

第 30 类：方便食品。包括日用或贮藏用的植物类食品,以及调味佐料。具体包括咖啡、可可、糖、米、食用淀粉、西米、咖啡代用品、面粉、谷类制品、面包、糕点、糖果、冰制食品、蜂蜜、糖浆、鲜酵母、发酵粉、食盐、芥末、醋、沙司（调味品）、调味用香料和饮用水。

第 31 类：饲料种子。包括没有经过任何为了食用目的处理的田地产物和海产品、活动物、植物,以及动物饲料,具体包括农业、园艺、林业产品及不属别类谷物、牲畜、新鲜水果、蔬菜、种子、草本、花卉、动物饲料和麦芽。

第 32 类：啤酒饮料。包括不含酒精的饮料及啤酒,具体包括啤酒、矿泉水、汽水及其他不含酒精的饮料、水果饮料、果汁、糖浆及其他供饮料用的制剂。

第 33 类：酒。含酒精的饮料（啤酒除外）,具体包括白酒、葡萄酒等各种果酒。

第 34 类：烟草烟具。烟草代用品（非医用的）,具体包括烟草、烟具、火柴。

3. 商标注册流程

（1）商标查询

商标查询是指商标注册申请人或其代理人在提出注册申请前,对其申请的商标是否与在先权利商标有相同或近似的查询工作。查询的范围以查询之日起已进入商标局数据库的注册商标和申请中商标为限，并且不含处于评审状态的在先权利信息。结果不具法律效力，仅仅作为参考，并不作为商标局核准或驳回该申请的依据。

（2）提交注册商标申请

如果是以自然人名义提出申请的，需提交身份证的复印件和个体工商户营业执照复印件。如果是以企业作为申请人来申请注册的，则需提交企业营业执照复印件并加盖公章。商标图样 10 张，加盖公章（此期间视为形式审查阶段）。

（3）商标审查

商标审查分形式审查和实质审查。商标注册形式审查阶段：申请递交后 1 个月左右，商标局会对符合形式要求的申请书下发一个申请受理通知书。商标实质审查阶段：是商标注册主管机关对商标注册申请是否合乎商标法的规定所进行的检查、资料检索、分析对比、调查研究并决定给予初步审定或驳回申请等一系列活动，这个阶段大概需要一年的时间。

（4）初审公告

商标的审定是指商标注册申请经审查后，对符合《商标法》有关规定的，允许其注册的决定，并在《商标公告》中予以公告。此期间大概是 3 个月，也叫异议期。

（5）发证

公告期满，无人提异议的，就可以拿注册证了（见图 3-2-3）。

三、广告语设计

广告语是一种较长时期内反复使用的特定商业用语。它的作用是以最简短的文字把企业或商品的特性及优点表达出来，给消费者较为浓缩的广告信息，向消费者传递企业的产品理念。

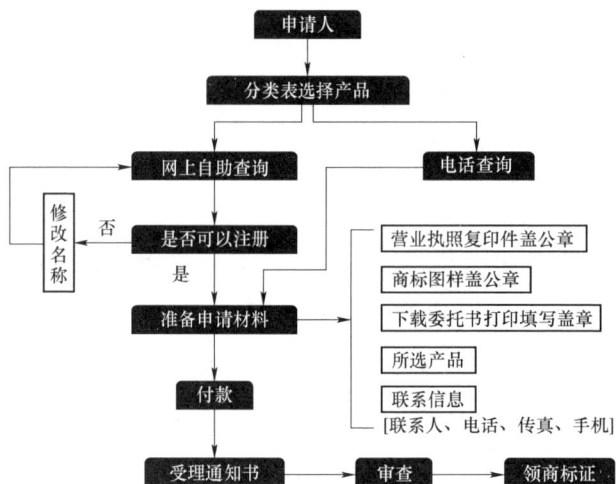

图 3-2-3　商标注册流程

广告语是品牌之窗，经典广告语，一字万金。生产经营品牌农产品，一定要给自己的品牌产品设计一句好的广告语。耐人寻味的广告语，一句成经典，经典永流传。如"怕上火，喝王老吉""好一朵横县茉莉花"。像"维维豆奶，欢乐开怀"，这句广告语经过了几十年的更新换代，时过境迁，依然在消费者中广为流传，人们听到这句广告语的时候依然记忆犹新，恍如昨日。

需要注意的是宣传产品的广告和品牌建设的理念是有一定区别的。比如"农夫山泉有点甜"，只是一句宣传产品的广告语，传递的是产品的理念。尽管消费者在购买的时候并不知道这个矿泉水甜不甜，但由于这句朗朗上口的广告语，让消费者过目不忘，一句成诵，给消费者一个暗示，告诉我们矿泉水是甜的。因此使农夫山泉后来居上，获得丰厚的收益。农夫山泉还有另外一句广告语："我们不生产水，我们只是大自然的搬运工。"这句广告语传递的是品牌的理念。农夫山泉的成功，主要是因为占据了国内七大著名的泉水基地，即浙江千岛湖、吉林长白山、湖北丹江口、广东万里湖等，这些地方的水质都是一流的。二十年如一日，农夫山泉坚守"从不使用城市自来水"的理念，始终坚持水源地建厂，水源地生产，确保每一瓶农夫山泉的天然健康品质。这是农夫山泉长期以来坚持的独特价值观和企业文化，这种品牌理念能快速占据消费者的心智定位，并产生信任感。产品理念广告语和品牌理念广告语还有一个根本的区别是：产品理念的广告语可因时、因地为了不同的营销活动和宣传目的而定期更换。品牌理念广告语代表的是整个品牌的梦想和价值观，所以只有一个，并且最好保持不变，至少在很长一段时期内要保持不变。

农业企业在实践中应当如何设计自己的农产品广告语呢？通俗表述，就是要遵循以下原则："我们是什么？我们要干什么？人们可以用我们做什么？"如四川甘孜理塘县的高原土豆，要对这个产品设计一句广告语，该怎么做呢？按照设计原则，首先是"我们是什么？"土豆在市场上算是屡见不鲜的大众消费品，但是甘孜的土豆还是有它的独特之处。想必在海拔4 100米的高原生长的土豆大家还是不常见的吧，于是我们可以给它设计这样一句广告语："高城土豆，来自 4 100 米的高原土豆。"第二可以从"我们要干什么？"的角度去设计。这种来自高原的土豆会让人从色泽到口感上感受到高原独特的气候、土壤、水源等高原生态环境种植出来的生态土豆。这会让人对高原土豆的生长环境，如蓝天白云、无边草原、成群牛羊，还有豪爽热情的高原人民产生好奇的联想，自然会产生去品尝甚至去原产地体味的行动冲动。所以我们的灵感广告语又因此而诞生了，即"高城土豆，带着人们的味蕾走一趟世界高城"。第三个设计原则是"人民可以用我们做什么？"在这样的生态环境长成的土豆，一定有着顽强的生命力，消费者吃了这样的土豆一定会更健康。所以另外一个关于这个高原土豆的广告语又水到渠成，即"高城土豆，健康态度"。

四、包装设计

农产品包装是指对即将进入或已经进入流通领域的农产品或农产品加工品采用一定的容器或材料加以保护和装饰。

（一）农产品包装的重要性

① 国家有关法律法规的要求。《中华人民共和国农产品质量安全法》第28条规定：农产品生产企业、农民专业合作经济组织及从事农产品收购的单位或者个人销售的农产品，按照规定应当进行包装或者附加标识，经包装或者附加标识后方可销售。包装物或者标识上应当按照规定标明产品的品名、产地、生产者、生产日期、保质期、产品质量等级等内容；使用添加剂的，还应当按照规定标明添加剂的名称，具体办法由国务院农业行政主管部门制定。

② 农产品商品流通的需求。在流通过程中，粮食、肉类、蛋类、水果、蔬菜、茶叶、蜂蜜等农产品，不加包装则无法运输、贮存、保管和销售。

③ 消费者心理的需求。在现代市场营销中，消费者对商品包装的要求越来越高，早已不再拘泥于过去的那种保护商品、方便携带的功能。心理学研究表明：在人类接收的信息总和中，由视觉器官获得的占83%，听觉占11%，嗅觉占3.5%，触觉占1.5%，味觉占1%。因此，通过包装设计，激发顾客的购买欲望，提高农产品市场竞争力，是农产品营销者必须高度重视的问题。

④ 品牌农产品增值的前提。农产品的包装设计是品牌的展现，不仅能吸引消费者的注意力，而且可以提升产品的价值和市场占有率。

（二）农产品包装设计理念

每个包装单位的规格、轻重、材料、方式等，应按照目标顾客需求来设计，包装原则、包装技术要求以保护农产品、减少损耗、便于运输、节省劳力、提高仓容、保持农产品卫生、便于消费者识别和选购、美化商品、扩大销售、提高农产品市场营销效率为宗旨。农产品包装设计有原生态自然风更受欢迎，特色文化在包装中占有重要地位，时尚风格更受年轻人的青睐。

（三）农产品包装设计策略

为了使农产品更吸引消费者，激发消费者的购买欲望，还要在农产品的包装上下功夫。通常情况下，在市场上，人性化、符合消费者生理和心理需要的产品的成交率更高一些。在对农产品进行包装的时候可以按照一定的包装策略进行设计，下面对其进行简要介绍。

1. 突出农产品形象

在农产品包装上，突出农产品形象是一种十分常见的方式，就是指将农产品的形象直观地展现在包装上。通过将农产品的色彩、美感、功能、品质等印制在包装之上，可以使消费者十分清晰地了解产品信息，同时也能够给消费者留下真实可信的印象，激起消费者直接购买的欲望。不过，90%的包装没能做到这一点，大多数购买者来到货架之前，已经有了购买哪种商品的意向，这时候包装的作用就会显得非常重要，形象突出的包装就会让消费者眼前一亮，就会引起消费者的兴趣。

2. 突出品牌功能

通过农产品包装的文字、图形及其组合告诉消费者，该农产品是什么样的产品，有什么特别之处，适合哪些人群使用，使用后的效果是什么，能给消费者带来什么好处。这种包装给人们简明易懂的启示，让人一看就懂，并有知识性和趣味性，容易激发消费者的购买欲望，产品的成交率更高。

3. 设计品牌图腾

1903 年，清代学者严复在翻译英国学者甄克思的《社会通诠》一书时，首次把"Totem"一词译成"图腾"。图腾的意思是记载神的灵魂的载体，是古代原始部落信仰某种自然或有血缘关系的亲属、祖先、保护神等，而用来做本氏族的徽号或象征。不同国家、地区、民族的图腾往往是不同的，它展现了不同的民俗、民风，如俄罗斯崇拜的图腾是熊、中国人崇拜的图腾是龙。当代人把这种用于区别群体的标志延伸应用到企业的产品品牌上，用于区别其他企业的产品的标志，就是所谓的品牌图腾。而当今的品牌图腾又被赋予了新的含义，它展现了某个品牌的精神意义，象征着某个品牌的精神个性。它将某一品牌与其他品牌区分开，是独属于某个品牌的独特标志，难以模仿和复制。

品牌图腾能树立品牌的核心价值。当今很多企业还没有自觉创建品牌图腾的理念，学术界也没有提出"品牌图腾"的清晰概念，但少数企业已经先知先觉地使用起来。像美国的爱达华土豆、中国的西域果园、湘西黑猪、容县沙田柚、盱眙小龙虾、寿光蔬菜等这些已经采用品牌图腾打造品牌形象的企业，与尚未意识到利用品牌图腾打造品牌核心价值的企业之间，已经显著地拉开了品牌差距（见图3-2-4）。

图 3-2-4　西域果园包装上的图腾

一个有效的图腾可以瞬间入脑入心，拉近品牌与消费者之间的距离。如作为全新品类的仲景蘑菇酱，把"采蘑菇的小姑娘"作为独特的品牌图腾。背竹篓、扎马尾辫、手捧香菇酱的小姑娘跃然包装之上，暗示消费者她采的蘑菇是原生态的，她推荐的蘑菇酱是最正宗的。受此情此景的影响，消费者的耳边会油然响起"采蘑菇的小姑娘"那熟悉的旋律，马上就征服了消费者的心（见图3-2-5）。

另外，品牌图腾还有助于促进消费者反复购买这类产品。这是一个注重视觉冲击的时代，图形远远要比文字更容易记忆。从生理学角度讲，包装信息通过视觉系统传递到大脑的海马体暂存，再由海马体传送到大脑皮层进行长期储存。当消费者再次想购买此类产品的时候，大脑皮层就会自动调出存储的包装信息，而品牌图腾就能起到条件反射般的心灵反应的作用。

图 3-2-5　仲景蘑菇酱图腾

在品牌农产品的包装上印上品牌图腾，也能大大提高口口相传的推广效果。比如，如果买一瓶仲景香菇酱，仲景的名字可能没记住，但只要强调一句包装上有一个采蘑菇的小姑娘，就会一下记住该品牌。所以把品牌图腾运用到品牌农产品的包装上，包装就有了灵魂，就会在购买者与消费者之间架起一座沟通的桥梁。

（四）农产品包装设计存在的问题

1. 重装潢，轻商标

很多品牌包装商标名称在包装上不醒目，这种经过注册受法律保护的商标名称往往以较小的字迹缩印在包装的一角，而其他未经注册的产品特征却夸张地印在包装最显眼的地方，反差太大。

2. 频换包装

有些生产经营者的农产品包装今年是方的，明年又变成圆的，同一品类，今天是红色的，明天又变成绿色的，这种做法严重影响消费者的认同感。

3. 忽视包装的"群体优势"

所谓"群体优势"是指企业在某一领域里所经营的产品范围越广，产品线越长，越能让消费者在市场上看出某一产品群体背后的大企业的实力，越能在消费者心目中产生信赖感，从而在销售上产生有利因素，这称为"群体优势"。这里所说的问题，是指在现实市场当中，我们经常会看到出自同一企业不同品类的产品，除了企业名称相同外，包装上几乎找不到相似的地方，甚至连商标都不一样，根本不像出自同一企业的产品，因而很难发挥产品的群体优势，这是当前市场上普遍存在的现象。有的企业有众多的产品，从单件产品的包装而言，无可挑剔，可是将它们放在同一个市场里，特别是放到同一货架上，就很难认出它们是"同一来源"的产品，因此就很难发挥品牌的"群体效应"优势。

（五）农产品包装设计建议

首先，品牌包装必须掌握两个基本要素：商标名称定位与品牌图腾定位。产生"一眼望穿"效应，最大限度提高公众的"直接联想力"，让众人在短短几秒钟内知道品牌的含义，这是品牌营销中成功品牌包装的基本特征之一。

其次，当企业的品牌农产品初次推向市场的时候，首次的包装设计一定要认真对待，而且一旦推出，就不能随意大幅度变更，要保持产品包装的一致性和持续性,才能在消费者心中产生深刻的印象,从而全面提高品牌产品在消费者中的辨识度。

最后,农副产品的生产者,有的是农户,有的是农业生产者的集体经济组织,还有相当一部分是农业战线上的龙头企业。龙头企业产品宣传时,同一产品品牌包装重复使用的效果比单一使用的效果好。有的企业总爱说将企业或品牌"做大、做强"等,但从市场角度讲,发挥产品的"群体优势",是将企业和牌子做大、做强的重要条件。在农副产品销售中,同样需要注意发挥群体优势的问题。

五、品牌定价

农产品定价是影响市场需求和购买行为的重要因素之一,直接关系到农产品生产经营者的收益。农产品价格制定得恰当,会促进农产品的销售,增加农产品生产经营者的收益。反之,会制约需求,降低收益。因此,农产品定价是农产品市场营销活动的重要组成部分。

农产品的定价不仅与产品质量有关,与品牌也有着很大的关系,二者共同影响着农产品的价格。通常情况下,如果农产品的品牌形象良好,那么相比其他农产品来说,它更容易赢得消费者的青睐。产品的价格往往也会产生很大的品牌增值效应,农产品的价格相对来说要高一些。很多有良好品牌形象的农产品采用"优质高价"策略,既让消费者吃得放心,在心理上获得满足,同时也进一步增加了收益。

知道如何正确地为产品定价是至关重要的,这可以确保利润不会过高或过低,那么在实践中应该如何为品牌农产品定价呢?

(一)品牌农产品定价依据

1. 产品的成本

产品成本是指生产经营者为某产品所投入和耗费的费用总和。它是构成产品价格与价值的主要组成部分，所以产品成本是价格制定的下限，一般情况下，产品的价格都会制定得比成本要高，除非是在极其特殊的情况下，如恶劣的价格竞争等，这时候价格有可能会跌破成本。产品成本由固定成本和变动成本二者组成，具体来说，它主要可分为三部分，分别是生产成本、储运成本和销售成本。在对产品进行定价的时候，必须仔细考虑产品的成本要求，深入了解并分析，这样才能够制定出更加正确的、合适的价格。通常情况下，商品价格必须能够补偿产品从生产、储运、营销等过程以及经营者承担的风险支出等所有支出费用，如果商品价格不能覆盖这些支出，那么商家就会亏损。在生产、储运、营销等各个过程中，企业往往试图降低成本，以便于获得更多利益。这是因为在市场之中，相对于产品成本较高的企业来说，产品成本比较低的企业往往主动性更大。而在农产品领域，随着农产品生产交易量的增加，产品的成本就有可能会渐渐降低，从而促使其获得更大的经济利益。

2. 市场需求

售卖商品的价格的高低除了与产品成本、品牌形象有关，还与市场需求有关。如果说，价格的底线由成本决定，通常价格不得低于成本，那么商品价格的"天花板"则由市场需求决定。企业在对商品进行定价的时候不仅要弥补产品成本，考虑商品形象，还要考虑市场需求，了解商品在消费者心中的可感知价值，让顾客充分认识到这种产品的价值。当他们认为商品的可感知价值与利益比较高的时候，商家就可以在这个基础上将商品的价格定得高一些。

在一般产品市场中，价格与产品的需求量成反比，与产品的供给量成正比。产品的价格越低，市场上的需求量越多；产品的价格越高，市场上的需求量越少。市场上产品的价格越低，供给量越少；产品的价格越高，供给量就越多。

农产品市场也遵循着以上的规律，当市场上的产品需求量大于供应量的时候，农产品的价格就会上升；当市场上的产品供应量大于需求量的时候，农产品的价格就会下降，这在蔬菜、水果市场上表现得特别明显。比如大姜市场，供不应求的时候，曾卖到 7 元/斤，但严重供过于求的时候，甚至 0.2 元/斤都没人要。所以在实践当中，我们要学会应用价格弹性指数来分析和掌握需求量和价格之间的变化规律。

所谓需求价格弹性是指单位价格变化引起的需求量的变化程度。需求量受价格变化影响大的，叫作需求价格弹性大，又称为富有弹性；反之则叫作需求价格弹性小，或称为缺乏弹性。产品需求价格弹性的大小，可以通过价格弹性系数来表示，即需求弹性系数=需求量变动百分比/价格变动百分比。如某种农产品价格上涨了 5%，需求量相应减少了 5%，则这种商品的需求弹性为 -0.5，负号只表示需求量与价格变动方向相反。因此，通常将负号省去，只取正值。需求弹性系数非常有用，它能告诉我们市场需求量对价格变化的敏感程度，是制定和调整价格的重要依据。需求弹性系数一般有以下几种情况：

一是需求弹性系数等于 0，表示不管价格如何变化，需求量都不会发生任何变化。如贵重药材，因为其稀缺性和不可替代的治疗作用。如果人生了病，无论价格多高也要买，如果没有病，降价也没人要，此类产品的价格一般都定得比较高。

二是需求弹性系数等于 1，表示价格变化百分比是多少，需求量变化的百分比也是多少。这类产品价格无论如何变化都不会影响收益，比较稳定。

三是需求弹性系数小于 1，表示需求量对价格的变化比较迟钝，提高价格对需求量影响不是很大，如作为生活必需品的大米，人们不会因为降价而增加消费，也不会因为提价而减少消费。此类产品宜采取提价措施，增加农民收入。

四是需求弹性系数大于 1，表示价格变化对需求量的影响较大。价格发生较小的变化，就会引起需求量较大的变化。这类产品主要是高档农产品，如高档茶叶，价格提高人们就减少消费，价格降低人们就增加消费。此类产品宜采取降价措施扩大销售，增加利润。

需要注意的是，前两种情况在现实生活中极少见到，常见的是后两种情况。

3. 竞争状况

在市场上，无论商家卖的是哪一款产品，都免不了竞争。消费者在购买产品的时候，往往会货比三家，对不同品牌的产品的质量、价格、品牌等进行比较，从中选择出自己想要购买的产品。因此，对于农产品经营者来说，在对所经营的农产品进行定价的时候，往往还需要考虑市场上其他竞争产品的价格。通常，市场上的竞争状况不同，经营者对农产品的价格制定的考虑也不同。在市场上的竞争产品的差异度比较大，互相之间的竞争比较适度的情况下，农产品经营者会对产品定高价，这样能够更好地区分出自家产品与其他产品的独特和与众不同之处，吸引购买者注意力。而当市场上的竞争产品的差异度不大，互相之间的竞争比较激烈的情况下，制定高价无法凸显出自家产品的特殊性，而且还会劝退顾客。在这种情况下，经营者往往制定产品的价格就没有那么高。

农产品经营者在制定价格的时候往往需要先了解市场上的其他农产品，调查这些竞争农产品的产品质量、价格水平、替代产品的生产、消费者对这些农产品的态度及当自家产品出现在市场上的时候，产品竞争者可能作出的反应等，然后对所了解到的情况进行综合分析研究，最终为农产品制定出一个能够使消费者乐于接受又能够战胜竞争对手的最优价格定位。

（二）品牌农产品定价技巧

要制定一个符合消费者、经营者等各方面要求的价格，就需要站在整体角度上从多方面去考虑。因此除了掌握以上关于"产品成本、市场需求、竞争对手"等定价依据以外，农产品生产经营者还需要掌握一些有关农产品的定价技巧。

1. 分档定价法

分档定价就是根据不同顾客、不同时间和不同区域及不同规格的同类产品，不是一种产品一个价格，而是把产品分为几个档次，每一档次定一个价格。分档定价的形式有以下几种：

（1）针对不同的顾客群分档定价

大众消费的普通顾客群：可采用尾数定价法。一般消费者往往认为尾数价格是经过精密计算的，因而产生一种真实感、信任感、便宜感。尾数定价策略可以顺应某些地区、民族的风俗习惯，从而有利于扩大销售。

中高端消费的贵族顾客群：可采用整数定价法。中高端消费者的消费心理具有先天的消费优越感，自尊心较强，根据消费者自尊心理的需要，对一些高级产品要采取整数定价策略，因为这种定价能满足顾客的虚荣心。

（2）同一产品不同规格分档定价

农产品生长受很多自然和人为因素的影响，同一产品的生长、大小、规格很难达到一致性。如果所有规格统一混销，肯定没有市场竞争力，也卖不上好价钱，所以最好是针对不同规格产品分档定价。如富士苹果，可以分 70 以下、80 以上、90 以上的多档销售。不同的价位，能满足不同消费群体的不同需求。

（3）按营销区域分档定价

根据销售场所的区位优势、交通便利程度、商服繁华度、消费群体层次等因素确定不同的价格，也被称为地区定价策略，实际就是当把产品卖给不同地区的顾客时，决定是否实行地区差价。地区定价策略的关键是如何灵活对待运输、保险等费用，是否将这些费用包含在价格中。因为在农产品定价中，运费和保险费是一项很重要的因素，特别是运费和保险费占成本比例较大时更应该重视。具体方法如下：

一是产地定价。它是指顾客在产地按出厂价购买产品，卖主负责将产品运至顾客指定的运输工具上，运输费用和保险费全部由买方承担。这种定价方法对卖方来说是最简单和最容易的，对各地区的买主也是适用的。

二是统一交货定价。它是指不论买主所在地距离远近，都由卖主将货物运送到买主所在地，并收取同样的运费。这种策略类似于邮政服务，因此又被称为"邮票定价法"。该策略适用于重量轻、运费低及占变动成本比重较小的产品，它可以使买方感到免费运送而乐于购买，有利于提高市场占有率。

三是分区运送定价。这是卖方将市场划分为几个大的区域，在每个区域内实行统一价格，与邮政包裹和长途电话收费近似。如乳山牡蛎的全国销售就采用了分区运送定价。

（4）按产品上市时间分档定价

有些农产品在一个季节里是不断成熟、不断上市的，我们可以根据它上市早晚时间的不同进行分档定价。例如，小康蔬菜的黄金樱桃西红柿春节前因为气温很低，每亩大棚产量只有几十斤，甚至十几斤，所以春节前上市每斤会卖到 50 元；但春节后，随着气温的不断上升，产量逐渐增加，价格也会逐渐调整为 40 元每斤，最后稳定在 30 元每斤。所以通常反季节早上市的瓜果蔬菜，都能抢占市场先机，先入为主，理直气壮地卖个高价。

（5）将农产品本身分部位定价

将农产品分拆为几部分分别定价。比如，整鸡价钱较便宜，可将整鸡分部位分别定价，分成鸡腿、鸡爪、鸡心来卖；把猪肉分等级深加工上市，如里脊肉、肋排可以卖个高价。还可把猪皮、猪毛、肥膘、猪骨等卖给不同厂家单独加工，如此便能大大增加收入；再比如一头牛身上最好的肉只有几两，就是通常说的"三角牛楠"，虽然只有几两，但贵的可卖到几千元。细分部位定价，收益会更可观。

2. 高质高价定价法

随着人们生活水平的不断提高，大家更为重视农产品的安全、口感、健康和品质。一些著名农产品企业生产的无公害农产品、绿色农产品、有机农产品等，其质量过硬，安全有保障，与其他普通农产品相比，尽管可能它们的价格要更贵一些，但是消费者仍然有很高的购买欲望。为了获得更好的口感和品质，他们乐意接受高一些的价格。这样，消费者获得了更加安全、健康的食品，企业也获得了很好的经济效益，可谓是两全其美。消费者能够接受的价格的高低主要与他们对产品所持有的认知态度有关，如果消费者对某一产品的认知价值比较高，那么他们在购买这种产品的时候也会心甘情愿地付款，但是，如果某种产品并没有让消费者感觉到它所含有的高认知价值，那么面对这种高价格的产品，消费者就会拒绝接受。寿光作为全国的蔬菜之都，寿光蔬菜的品牌认知度在全国都是首屈一指的，因其强大的品牌效益而卖个高价，就不足为奇了。而另一盒黄瓜只是农场主自己生产的，没有创建品牌，市场认知度差，因此卖不上好价钱也不难理解。

　　农产品，尤其是品牌农产品，定价是策略，高价是战略。其实所谓卖价格，就是要产生溢价，就是卖得比别人贵，还要让消费者领情，心甘情愿地付款。品牌农产品低价上市先易后难，而高价上市却是先难后易。低价入市吸引客户容易，但稳定客户难；高价入市吸引客户难，但稳定客户容易。既然是品牌农产品，是高品质的明星农产品，就必然经过了品牌农产品的系统策划与培育，所以自然就要卖高价。但要如何去定这个高价，这个高价定到什么位置才算科学合理呢？以下给出三种价值导向定价法，供大家参考。

　　其一，高一到三倍定价法。体现"人无我有"独特价值。当自己的品牌农产品在品种、品质、特色、工艺、外观上，别人都无法复制，通过对比、体验、证明等方式，让消费者感觉完胜对手，这时候可以采用"高一到三倍"定价法。比如由金帅和号称苹果中的贵族的蛇果杂交而成的威海金苹果，金黄色高桩苹果，有"果神"之称，含糖量能达到 20%，因此 2019 年定价 15 元，是优质富士的三倍价格；而红心火龙果刚引入国内时，比白心的价格贵 2 倍左右；德清源生态安全鸡蛋，价格则比普通鸡蛋贵一倍左右。

其二，价格带高位定价法。人有我优，优质优价。在某一高价值品类中，竞争对手多而不强，鱼目混珠，而自己的品牌农产品更正宗、品质更有保障，这时候可以采用价格带高位定价法。比如，福来为某品牌的五常大米定价（分绿色和有机）在三个主流价格带 6～10 元、11～15 元、16～20 元中，将最低的和最高的价格都排除，最后，给绿色的定价 14.8 元/斤，有机的定价 19.8 元/斤。这里一定要注意的是切忌定价太高，否则必然曲高和寡。

其三，对标加点定价法。放大差异，对标溢价。某一类产品，市场中已有主流品牌，而自己的产品在品质或服务上差异性突出，有优势，那么就可以对标主流品牌价位，在它的基础上加 20%左右的价格（具体加多少点，可根据品类价格敏感度灵活掌握），贵得让市场可以接受，但请记住，这个前提一定是要营销好自身产品与主流品牌的差异性，要想办法让消费者接受并且认可。比如，百瑞源枸杞对标其他品牌就贵 20%～30%，其品牌标语也是"好枸杞，可以贵一点"。吕粮山猪定价对标"双汇猪肉"当地价，采取"贵 5 元"策略，贵在什么地方呢？吃山粮，自然香。而威海宇滋家庭农场用黄粉虫饲养的猪，成为每年在威海举办的世界铁人三项赛运动员的指定产品，因此其价格比普通猪肉贵一倍。

3. 低价低利定价法

低价低利定价法，也叫渗透定价策略。理念是农产品的同一个品种具有较大的同质性，因此经营者往往采取低价策略来吸引众多消费者。其理论根据是市场上存在一大群普通消费者，他们的购买行为相当理智，希望支付较低的价格来获得较高的满足。所谓低价，是相对于产品品种和服务水平而言的。这种策略的优势在于：低价低利能够有效地阻止竞争者加入，产品能较长时间地占领市场。这种策略主要包括以下三种。

（1）高质中价定位

高质中价定位指企业提供优质的产品和服务，但价格却定在中等水平上，以价格的优势吸引众多的消费者，使消费者感到花中等的价格获得高品质的消费。

（2）中质低价定位

中质低价定位指企业以较低的价格，向消费者提供符合一般标准的产品和服务，使顾客以较低的价格，获得信得过的产品。这一目标市场的顾客群对价格敏感，但又不希望质量过于低劣。例如，目前在我国正在兴起的仓储式商店的发展就是针对这一顾客群的。

（3）低质低价定位

产品没有质量优势，唯一有的是价格优势，这一策略主要迎合一些低收入阶层。使用低质低价策略的条件是：能够通过销售量的增加使产品的生产成本下降，且目标市场的顾客对价格非常敏感。如果发现竞争加剧，经营者应考虑推出更低成本的产品。

渗透定价策略的适用范围是：新产品进入市场；产品市场规模大，市场竞争性较强；产品需求弹性较大，消费者对产品价格反应敏感，稍微降价就会刺激需求；大批量生产能显著降低成本；薄利多销的利润总额大于按正常价格销售的利润总额。

4. 随行就市定价法

一般农产品差别不是很大，价格太高消费者会嫌贵，价格太低消费者会产生怀疑心理。因此经营者可以把农产品价格保持在同行业平均价格水平上，这种定价方法比较保险。

除上述定价方法以外，品牌农产品的定价技巧还包括折扣定价法和促销定价法等，但是要记住高端高品质的尖端品牌农产品也有永不打折之说，这里就不一而足了。总之，品牌农产品的生产经营者要依据产品的成本、市场需求及竞争者的现状来科学地选择自己品牌农产品的定价策略，并且查考价格水平是否符合国家有关的政策法规，以及对自身市场经营的影响，在此基础上最终确定价格。

六、选择营销渠道

相对于如何生产出品质优质的农产品，当今的农民觉得如何把生产出来的好产品卖出去，并且卖出个好价钱，这个问题更难。想要把产品卖出去，就是要让消费者买单，所以最关键的就是要让消费者认可并接受产品，而营销渠道正是架在生产经营者与消费者之间的桥梁和纽带。所以如何选择一个适合自己的销售渠道，并且保证让渠道畅通、纽带牢靠，这一点在品牌农产品的建设中就显得尤为重要。

众所周知，由于农业生产受土、肥、水、气候、环境等各种自然因素及操作技术等人为因素的综合影响，很难保证长出来的农产品规格、品质的绝对一致性。收获的农产品通常都是规格不同，品质各异。所以在营销上最好根据农产品规格、品质的不同，选择多渠道销售模式。

（一）批发市场、经销商等传统销售渠道

低端农产品更适合走传统销售渠道，直接以低廉价格卖给批发商或经销商，当然这种营利是微薄的。另一种方法也可以选择深加工，变废为宝。因为同一个园区生产的这些低端农产品虽然规格较小，样子难看，但实际的营养是丰富的，口感是基本不变的。所以，完全可以进行深加工，农产品70%的附加值都来自加工以后的二三产业。

（二）农超对接销售渠道

农业产业化的发展是推动农村经济转型和农民增收的重要途径。随着消费者对食品安全和品质要求的提高，优质农产品急需寻找更广阔的市场来释放其潜在价值。然而，传统的农产品销售方式在建立消费者信任、保障农产品价值方面存在诸多不足，导致特色农产品难以走出产地，进入更

大的流通市场。在这种背景下，农超对接作为一种新型流通方式应运而生。它通过建立农户与超市、菜市场与便民店之间的直接联系，为优质农产品进入现代流通渠道搭建了平台。这种对接方式不仅有助于解决农产品销售难的问题，更能提升农产品的市场竞争力，促进农业结构调整和农民增收。中端农产品在品质、口感和营养价值等方面具有一定的市场竞争力，但由于缺乏有效的销售渠道，往往难以被消费者所熟知。农超对接模式则正好解决了这一问题。农超对接的本质在于将现代流通方式引入农村，实现小生产与大市场的有效对接。这种模式不仅有助于推动农产品的规模化、标准化生产，还能降低流通成本，提高农产品的新鲜度和品质。同时，农超对接还能促进农民与商家之间的紧密合作，共同推动农业产业的发展和升级。2008 年 12 月 11 日，为推进鲜活农产品"超市+基地"的流通模式，引导大型连锁超市直接与鲜活农产品产地的农民专业合作社产销对接，商务部、农业农村部联合下发了《关于开展农超对接试点工作的通知》，对"农超对接"试点工作进行部署。农超对接是一个三赢的农产品销售渠道。一方面，农产品与超市直接对接，市场需要什么，农民就生产什么，可避免生产的盲目性，解决了农民生产的农产品难卖的问题。另一方面，也稳定了农产品销售渠道和价格，保证了城市大型超市稳定的货源。再者，还可减少流通环节，降低流通成本，通过直采可以降低流通成本的 20%～30%，给消费者带来实惠。

那么想要参与农超对接的农产品生产企业又需要具备哪些条件呢？

（1）具有注册商标和产品包装等自主品牌，获得市级以上农产品名牌产品或著名商标称号。

（2）生产基地或产品获得无公害农产品产地认定或产品认证，或产品已开展绿色食品和有机食品认证，基本建立农产品质量安全追溯和自律性检测检验制度。

（3）生产基地实行统一生产技术规程和质量标准，标准化生产面积占到 80%以上。

（4）专业合作社与所推荐试点企业已有或即将建立合作关系。

（三）电子商务销售渠道

自 2015 年"互联网+"成为国家战略之后，互联网思维就成了各行各业谈论的焦点。对于农业来说，就是产品更加极致，特色更加鲜明，注重用户体验。现实中媒体即渠道，渠道即媒体，互联网成为品牌农产品实现宣销一体化的最佳路径。山东省沂南县刘元强的"桃本桃"桃子论个卖，一个卖 18 元，贵的甚至卖 88 元一个。互联网平台上高端消费群体的水平，由此可见一斑。当然武平的黄金百香果，曾创下上网一秒钟销售 2 万箱的最高纪录。这种大众消费的群体在网上更具有强大的购买力。所以高端品牌农产品适合电子商务，并不是说其他大众消费就不适合，笔者只是想表达这样一个道理：大多数高端农产品的消费者可能线上购物居多。

目标人群定位是农产品电子商务平台应首要考虑的问题。高质高价的高端农产品，靠线下零售，很难找到目标客户群，只有通过线上的微信、朋友圈包括各大电商平台，才能找到那些生活比较富裕且注重生活品质的高端消费群体。当他们认为产品物有所值的时候，才能把好产品卖个好价钱。所以说，高端品牌农产品适合采用电子商务渠道。当然也鼓励线上线下相结合，即依靠实体经营网络探索开展农产品电子商务，充分利用传统的销售渠道，通过实体经营场所进行体验、考察，与网上下单支付相结合，这样可解决交易主体之间的信任度低、标准不统一等电商问题。

农业电商除了传统的淘宝、天猫、京东等，时下又出现了一些新的电商，如京东农场、拼多多等。

京东农场：京东全力推进数字农业进程，启动京东农场项目，建立京东数字农业共同体和京东农业商学院，"物联网+区块链+电商平台"三位一体战略，解决了当前农产品缺信任、缺标准、缺技术、缺品牌、缺销路的问题，助力区域农业品牌升级及农民增收致富。

拼多多：拼团模式，为中国农业走出"分散的生产与需求"的困境提供了好的解决思路。

除以上常用的几个农产品销售渠道以外，当下比较时尚的品牌农产品销售渠道还包括社区营销、体验式营销、媒体营销、网络直播等。

（四）社区营销渠道

随着中国经济的发展，城市中的人口结构和生活方式发生了显著变化。大多数人按照居住业态形成了社区化的生活方式，这种变化不仅重塑了人们的日常生活，也为市场营销带来了新的机遇和挑战。在这样的背景下，"社区营销"出现了，其成为企业寻求渠道创新、突破传统分销模式的新途径。

1. 社区营销的优点

第一，直接面对消费人群，目标人群集中，宣传比较直接，可信度高，更有利于口碑宣传。特别是品牌优质的农产品，更易培育自己企业固定的客户群，有利于全面提高顾客对品牌农产品的忠诚度。

第二，利用氛围制造销售，投入少，见效快，利于资金迅速回笼。

第三，可以作为普遍宣传手段使用，也可以针对特定目标，组织特殊人群进行重点宣传。社区营销，"抓"住了一个人就"抓"住了一家人，"抓"住了一家人，就"抓"住了一群人。特别是对于农产品而言，重复消费概率很高，做好社区营销有利于迅速扩大市场份额。

2. 社区营销注意事项

一是在进行社区营销之前必须做好全面细致的社区调查。对小区进行深入调查是开展社区营销不可或缺的第一步。通过掌握小区的人口规模、居民年龄结构、人均收入水平、文化层次水平、居民作息习惯及小区的地理情况等资料，企业能够更精准地理解目标市场的需求和特点，从而制定出更有效的营销策略。房地产开发商在设计楼盘时，已经根据收入、年龄和教育等维度进行了市场细分，并据此定位了特定的消费群体。因此，社区居民往往具有相似的特征和需求，这使得社区内部形成了一种独特的亚文化氛围。这种文化氛围不仅影响着居民的日常生活，更深刻地影响着他们的消费行为。对于品牌农产品生产经营者来说，了解不同小区居民的层次和喜好至关重要。通过对小区居民的细致分析，经营者可以将农产品进行有针对性的分档销售。这种分档销售的方式不仅可以更好地满足不同消费者的需求，还可以提高农产品的销售效率和利润。

二是选择正确的营销时间、地点。掌握居民的作息习惯对于社区营销活动的成功至关重要。了解社区居民的生活节奏和空闲时间，可以帮助经营者更准确地选择活动的时间，以确保最大的参与度和影响力。在社区居民的作息习惯中，白天主要是老年人在家，而晚上和周末则是社区居民最为集中和空闲的时候。这意味着，如果我们想要吸引更多的年轻家庭或上班族，那么晚上和周末是更为合适的时间段。而针对老年人的活动，则可以考虑在白天进行。此外，人流集中及人流量最大的位置和时段也是我们设计活动方案时需要重点考虑的因素。通过调查，我们可以了解社区内哪些地点是人流较为密集的，如社区广场、活动中心、超市入口等，从而在这些地方设置活动摊位或宣传点，以吸引更多的目标消费者。在调查完成后，将各个社区的信息建档是一个非常重要的步骤。这样，我们可以随时查阅这些信息，了解每个社区的特点和需求，为未来的营销活动提供有价值的参考。

三是要与社区管理单位处理好关系。社区管理以安全为重，诸如社区居委会或物业管理公司等单位遵循"不求有功，但求无过"的管理思路，对进入社区的营销活动是有抵触情绪的，一旦管理失控就会引发各种治安问题，因此往往会把社区营销活动拒之门外。所以要积极协调好和保安物业等管理人员的关系，积极参与小区的公益活动，广泛获得小区居民及管理人员的好感。

四是准备参与社区营销的农产品一定要保障产品的质量，口感要好。

因为社区营销口口相传，信息传播速度极快，好的产品甚至可以让其一夜暴红，吸粉无数。当然如果所销产品品质较差，也能使产品一夜下架。

（五）体验式营销渠道

随着"体验"变成可以销售的经济商品，"体验式消费"或者说是"符号化消费"的旋风开始席卷全球产业，继"服务经济"之后，"体验式经济"已开始流行。消费不仅是买有用的东西，而是成为消费者用来诉说自己的"语言"。

1. 体验式营销的基本概念

体验经济是一种新兴的经济形态，它突破了传统经济对产品功能、外形和价格的单一关注，转而以消费者需求和欲望为核心，通过创造独特的体验来提升产品的价值。这种经济形态强调企业与消费者之间的情感连接和互动，使消费者在消费过程中获得愉悦、满足和回忆等深层次的体验。与传统经济相比，体验经济更加注重消费者的参与和互动。通过让消费者亲自参与产品制作或服务过程，企业能够创造出一种个性化的、独特的体验，使消费者感受到产品背后的故事和价值。体验经济强调情感营销。企业不再仅仅依靠产品的物理属性来吸引消费者，而是通过创造情感共鸣和情感连接来增强消费者对品牌的认同感和忠诚度。体验经济还能够带来更高的附加值。通过增加产品的"体验"含量，企业可以提升产品的感知价值，使消费者愿意为这种独特的体验支付更高的价格。以咖啡为例，当咖啡仅作为货物出售时，其价格受到成本和市场竞争的限制；而当咖啡被包装成品牌产品并加入服务元素时，其价格就得到了显著的提升。然而，当咖啡成为一种体验时，其价格可以进一步攀升，因为消费者愿意为这种独特的、个性化的体验支付更多的费用。因此，体验经济为企业提供了更广阔的发展空间。

2. 体验式营销模式

体验往往不是自发产生的，而是需要精心设计和诱发。在体验式营销中，营销人员扮演着至关重要的角色，他们需要运用各种体验媒介来激发和引导消费者的体验。由于体验形式的多样性，体验式营销的方法和工具也丰富多样。对于品牌农产品的体验式营销活动来说，确立一个明确的主题尤为重要。主题的选择应当紧密围绕农产品的特性和目标消费者的需求，确保活动内容与主题紧密相关，能够给消费者留下深刻的印象。主题博物馆、主题公园、游乐区等以主题设计为导向的活动形式，为品牌农产品的体验式营销提供了广阔的舞台。这些"体验"和"主题"并非随意出现，而是需要农产品生产经营者进行深入的市场调研和消费者需求分析，从而确保活动内容与消费者的兴趣和需求高度契合。

模式一：休闲采摘园

农业园区休闲采摘是近几年来最流行的一种品牌农产品体验式营销渠道。在采摘果蔬的基础上，让游客吃农家饭，干农家活，享农家乐，晚上还可以留住民宿，体验当代农家生活。随着人们生活水平的不断提高，以及城里人节假日的不断增多，全国农村的休闲观光旅游业发展火爆，仅2017年全国的农业休闲观光旅游业就收入7 400多亿元，有7 000多万农户因此受益，未来的乡村旅游业也将进入一个爆发时代。所以休闲采摘园的体验式营销模式，必将大有前途。

模式二：共享农场

共享农场就是把共享经济的这种理念带到具体的农场经营当中去，打造出一个大联盟。这个大联盟的成员需要保证消费者和农场主线上线下购物渠道畅通，还要保证良好的农场体验，包括参与农事活动和租赁土地、购买农资、学习农产品衍生品的工艺制作及体验等。

共享农场的平台为政府、农场主、消费者和农民带来了四赢的局面，它利用共享经济模式，有效整合了农庄闲置资源与城市需求，为各方参与者创造了显著的价值。对于政府而言，共享农场促进了城乡资源的优化配置，将闲置的农庄资源与城市消费者的需求进行有效对接，从而间接缩短了城乡差距。这不仅有助于贫困农民脱贫致富，也为振兴乡村经济提供了新的动力。政府通过支持和引导共享农场的发展，可以进一步推动农村经济的多元化和可持续发展。对于城市消费者而言，共享农场提供了一个实现田园梦想的平台，他们可以在农场中体验耕种、收获的乐趣，享受绿色、健康的农产品，同时也能与好友分享乡村生活的美好。这种新型的休闲方式不仅丰富了城市人的业余生活，也让他们更加关注和支持农村的发展。对于农场主而言，共享农场解决了他们面临的农产品销路不畅、价格波动大、收入不稳定等问题。通过共享平台，农场主可以将农产品直接销售给消费者，减少中间环节，提高利润空间。同时，他们还可以为消费者提供定制化的服务，如托管代种、房屋租赁等，从而增加收入来源。对于农民而言，共享农场为他们提供了更多的就业机会和收入来源。通过参与共享农场的经营和管理，农民可以学习新的农业知识和技能，提高农业生产效率。此外，他们还可以通过提供劳务、销售农产品等方式获得收益，进一步改善生活水平。

（六）新媒体营销渠道

品牌农产品新媒体营销渠道具有迅猛发展的强大背景。近年来，我国电子商务的蓬勃发展和大众传媒的网络化转型，为农产品市场营销领域带来了革命性的变化。传统的营销方式在这种趋势下逐渐式微，而新媒体平台则迅速崛起为农产品营销的重要舞台。社交化营销的出现，彻底打破了以往农产品营销的局限，实现了人与人之间的紧密连接，使品牌和渠道得以高度统一。农产品销售者们敏锐地捕捉到了这一机遇，纷纷引入新媒体应用为农产品进行宣传和推广。相较于传统大众媒体平台，新媒体在农产品市场营销中具有显著优势：宣传成本更低、传播速度更快、顾客参与度更高。这种成本结构的颠覆性变化，使得农产品营销更加高效和经济，特别受到中小农业企业的青睐。农业农村部及各地地方政府也积极响应这一趋势，出台了一系列政策以扶持"互联网+现代农业"的发展。这些政策不仅为农产品销售者提供了有力的支持，还有效地对接了农产品的生产和销售环节。同时，随着网络支付技术的不断进步和相关风险制度的完善，农产品新媒体营销渠道得到了进一步拓展，为农产品销售者提供了更广阔的市场和更多的机遇。未来，新媒体平台在农产品市场营销中的作用将更加凸显。

1. 新媒体营销平台

（1）微型博客平台

微型博客平台的兴起在社交媒体领域起到了非常重要的作用，尤其是以微博为代表的平台在中国取得了巨大成功。这些平台通过简短的实时信息分享，让用户能够快速了解他人的动态、观点和生活，加强了用户之间的社交关系和信息传播。用户可以通过多种形式的内容发布，包括文字、图片、视频等，实现个性化的信息展示和互动交流。微博作为国内最成功的微型博客平台之一，其特点是信息更新速度快、话题广泛、用户群体庞大。知名的大 V 用户拥有庞大的粉丝群体，其影响力和话题引领能力在社交网络中十分突出，对舆论引导和信息传播具有重要作用。这种庞大的用户群体和粉丝效应，使得微博不仅是一个社交平台，更是一个强大的营销工具。知名微博用户和营销账号在吸引大量粉丝的同时，催生了一种新经济模式，即所谓的"粉丝经济"。对于农产品营销来说，这提供了全新的可能性和渠道。在微博上，农业从业者可以通过个人账号发布农产品信息，进行产品宣传。他们可以分享农产品的种植、加工、销售等各个环节的信息，向粉丝展示产品的品质、特色及生产过程，从而增加消费者对农产品的了解和信任感。同时，农产品企业也可以利用微博上的营销账号进行广告推广，提高产品的知名度和影响力。通过发布优质内容、与粉丝互动、举办活动等方式，吸引更多用户关注和参与，进而促进产品的销售和品牌的建设。社会公共机构及政府部门也可以通过微博进行农产品宣传和推广，帮助农民拓展销路。在这些应用中，图片和短视频是最普遍的宣传形式，因为它们能够直观地展示农产品的外观和品质，吸引消费者的注意。

成县核桃也是因为新闻磁场而产生热销。陇南成县拥有 50 多万亩核桃园，卖核桃是当地老百姓主要的经济收入来源。近几年，随着成县核桃产量的不断增加，如何将这些核桃卖出去，成了成县人必须面对的难点和痛点。成县当地领导想农民所想，急农民所急，尝试着微博卖核桃的想法，没想到此举立即在微博上引起强烈反响，让成县的核桃一炮打响，畅销国内外（见图 3-2-6）。

图 3-2-6　成县核桃

（2）弹幕视频平台

弹幕视频平台的兴起给用户带来了全新的视频观看体验，在中国和日本等地取得了显著发展。这些平台通过引入弹幕评论系统，使得用户可以在观看视频的同时进行实时交流和互动，这种形式增加了用户的参与感和娱乐性，使得视频观看更加生动有趣。此外，弹幕评论也为用户提供了一个表达观点、分享感受的平台，进一步促进了用户之间的互动和社交。哔哩哔哩、AcFun 等主流弹幕视频平台在年轻用户中具有很高的知名度和用户黏性，尤其是"90 后"和"00 后"的城市年轻群体，他们更习惯于在互联网上进行交流和分享，对于这种具有社交属性的视频观看方式更加接受和喜爱。这些用户群体对新鲜事物接受度高，喜欢参与和互动，是弹幕视频平台的主要力量。视频弹幕网站的优势在于其用户黏度和忠实度高，这为农产品市场营销提供了巨大的机遇。农产品销售者可以通过这些平台，利用弹幕评论的形式，吸引年轻消费群体的注意力，提升农产品品牌的影响力。此外，农产品销售者还可以与弹幕视频平台的知名用户或网红进行合作，通过他们的影响力推广农产品，扩大品牌知名度。

（3）短视频社交平台

短视频营销作为视觉营销的一种形式，更契合人类作为视觉动物的信息接收习惯。短视频营销所花费的成本和预算相对低廉，特别适合资源有限的农业专业合作社和家庭农场。除此之外，短视频营销还有适用于移动端、有利于搜索引擎优化、分享更便捷、反馈更及时、不受时间空间限制等许多优点。现在人气很旺的短视频平台主要有抖音、快手、火山、西瓜视频等。

（4）网络直播平台

国内网络直播大致可分为两类，其中一类主要是提供电视信号的在线观看。这类直播的原理是将电视信号采集后，转换成数字信号输入到电脑中，然后实时上传到网站供人们观看。这种形式在很大程度上相当于网络电视，其优点在于能够提供较为稳定的信号和相对专业的节目内容，但缺乏一定的互动性和自主性。而真正意义上的网络直播，则是指在现场通过架设独立的信号采集设备来实时捕捉现场情况，然后将这些信号导入导播端经过导播端的处理后，这些信号通过网络上传至服务器，并最终发布到特定的网址供人观看。这种形式的直播最大的特点就是其自主性和独立可控性，它完全不同于简单转播电视信号的观看方式。网络直播不受地域和时空的限制，只要有网络连接，观众就可以随时随地观看直播内容。这使得网络直播在推广活动和产品过程中具有独特的优势，能够吸引更广泛的受众群体。另外，现场直播完成后，还可以随时为观众继续提供点播、重播，有效延长了直播的时间和空间，全面发挥直播内容的最大价值。

（5）微商平台

微商是基于移动互联网的空间，借助于社交软件工具，以人为中心，以社交为纽带的新商业。微商模式实际上是消费者、传播者、服务者、生产者共同协作的一种新媒体营销方式。微商经历了速度为王、产品为王、团队为王、品牌为王的阶段，接下来将朝着构建完整微商生态系统的趋势发展。2019 年 1 月 1 日，《中华人民共和国电子商务法》正式实施，微商纳入电商经营者范畴，从此消费者维权有法可依。因此微商的消费群体越来越庞大，受到许多合作社和家庭农场的青睐，更多的新型经营主体开始通过微信朋友圈发布自家的农产品信息，信息内容包括绿色种养过程、先进技术手段、采收屠宰时间及现场、农民日常生活等图片和视频。让朋友圈的消费者第一时间了解农场产前、产中、产后的生产经营情况，在微信朋友圈打造个人品牌，获得更多朋友的信任和认可。

2. 新媒体营销手段

品牌农产品营销自从打破传统渠道，采用新媒体营销平台以后，各种营销手段如雨后春笋，层出不穷，花样不断翻新。如新闻营销、情景营销、情感营销、病毒营销、知识营销、口碑营销、饥饿营销等。

（1）新闻营销手段

新闻是第一传播力，品牌农产品营销与新闻有机结合，能使其传播力最大化，达到四两拨千斤的效果。

（2）情感营销手段

情感营销已成为当今消费市场中的一种重要趋势。它利用消费者的情感需求和认同感，通过各种策略来建立品牌形象，引起消费者的共鸣，从而促进产品销售和品牌影响力的提升。在情感营销中，借助情感包装、情感促销、情感广告、情感口碑、情感设计等多种手段，企业能够更好地与消费者建立情感联系，激发消费者的购买欲望和忠诚度。例如，通过故事化的广告宣传、与消费者的情感互动、品牌的社会责任活动等方式，企业可以让消费者对品牌产生认同和情感共鸣，进而提升品牌忠诚度和口碑效应。特别是在青年群体中，情感营销往往更具效果。许多产品打着"青春、梦想、逆袭"等口号，正是基于对年轻人追求自我实现、梦想追求的情感需求，通过与其情感价值观的契合来获得共鸣，从而吸引他们的注意力，激起他们的购买欲望。

（3）口碑营销手段

口碑营销是一种基于消费者口口相传的营销策略，它利用消费者对产品或品牌的好评和认同来进行产品推广和营销。随着互联网和社交媒体的发展，口碑营销已经变得更加广泛和深入。传统的口碑营销是通过消费者之间的口口相传来传播产品信息和品牌认知，消费者通常会在朋友、亲戚或同事之间分享自己的购买体验和感受，从而影响其他人的购买决策。这种方式具有较高的信任度和影响力，因为消费者更倾向于相信身边人的建议和推荐。而在互联网时代，口碑营销已经扩展到了在线平台上，如社区营销渠道和微信朋友圈营销渠道靠的主要是口碑传播的营销手段。近年来，拼多多就通过"口碑营销"助攻农产品上行，帮助品牌农产品解决了卖难的堵点。

拼多多"阎老西儿"山西特产店的故事是一个典型的电商助农扶贫与口碑营销相结合的案例。店主巩文斌作为大学生村官，已经对当地情况进行了深入了解，并对扶贫工作充满热情。他敏锐地捕捉到了拼多多平台的社交拼单模式潜力，并将之应用于推销当地滞销的黄河滩枣。拼多多平台本身的公益助农行动，为"阎老西儿"山西特产店的成功提供了有力支持。平台通过一系列政策和措施，鼓励和支持农产品电商的发展，为农民提供了更广阔的销售渠道。这种公益性质的电商模式，不仅帮助农民解决了销售难题，也提升了消费者对产品的信任度和好感度。山西省商务厅领导对此非常重视，他专程考察拼多多，在对拼多多拼单模式表示肯定之余，也希望拼多多再接再厉，将山西更多的地标性农产品送进千家万户当中（见图3-2-7）。

图 3-2-7 黄河滩枣

（4）情景营销手段

情景营销是一种通过创造生动的场景或图像，激发顾客的情感共鸣和购买欲望的营销策略。它不仅是向顾客展示产品的功能和特点，更是通过情感化的故事叙述或者生动的场景描述，让顾客在想象中感受到产品所带来的美好体验和情感满足，进而使顾客产生购买产品的意愿。和消费者关系密切的场景可以通过营销手段打上专属的品牌烙印，且一旦融入消费者的生活方式，就能形成对场景的抢占和独占，让消费者将注意力牢牢锁定在某项商品上，甚至让消费者产生相关想象。消费者会想象使用这项商品所带来的美好体验，并被这种美好体验所深深地吸引住，从"需要"层次上升到了"想要"层次，想要拥护如此美好体验，只能购买这款商品，进而激发了消费者的购买欲望，直至消费者产生购买行动。而这种通过"情景营销"激发消费需求的模式，更是其他销售工具难以达到的。情景营销与传统模式不同，经营者在销售过程中，把商品与场景布置相结合，以打动消费者来达到营销目的，让消费者从"放心购物"上升到"舒心购物"。"怕上火，喝王老吉""经常用脑，多喝六个核桃"，这些都是在传播口号上进行场景化。

（5）知识营销手段

知识营销是一个富有深度和策略性的营销方式。它不仅是一种单向的信息传递，更是一种基于知识价值的双向互动过程。它通过有效的传播方法和合适的传播渠道，将有价值的知识传递给潜在用户，进而提升用户对品牌和产品的认知度，实现用户的转化和留存，包括产品知识、专业研究成果、经营理念、管理思想和优秀的企业文化等。用知识来推动营销，需要我们提高营销活动策划中的知识含量。重视和强调知识作为纽带的作用，帮助消费者获取某一方面的知识，或者直接就是企业提供产品/服务的认知知识。

（6）饥饿营销手段

饥饿营销是一种巧妙的营销手段，其核心在于有意激发消费者的购买欲望，同时控制产品的供应量和销售时机，以此达到提升商品价值、稳定价格、提高收益及维护品牌形象的目的。这种营销方式往往通过限量供应、延时销售及设置较高的售价等手段来实现。对于区域品牌农产品而言，饥饿营销的运用有其独特的优势，这些农产品通常在特定区域内享有较高知名度和良好的口碑，消费者往往对它们有特殊的情感诉求和购买期待。当这些农产品采用饥饿营销策略时，其优质性和稀缺性能够进一步刺激消费者的购买欲望，促使他们愿意支付更高的价格来购买。然而，并非所有区域特色农产品都适合采用饥饿营销策略。企业或农户在决定使用这种策略之前，必须对自身条件有清晰的认识。产品必须真正具备优质性和独特性，才能吸引消费者并保持他们的购买热情。否则，如果产品并不具备足够的吸引力，或者供应量控制不当，可能会引发消费者的不满和负面评价，反而损害产品的品牌形象和市场地位。因此，在运用饥饿营销策略时，企业或农户需要谨慎行事，确保产品本身具备足够的竞争力，并合理控制供应量和销售时机。同时，他们还需要密切关注市场动态和消费者反馈，及时调整策略以适应市场变化。

3. 新媒体营销注意事项

（1）提升农产品自身质量是根本

新媒体的崛起为农产品生产销售者提供了更为高效、便捷的推广渠道，极大地拓宽了农产品的市场认知度和影响力。新媒体平台在增加农产品曝光度的同时，也为消费者提供了更为丰富多样的选择，这使得农产品市场的竞争变得更加激烈。在这种背景下，农产品生产销售者要想在新媒体平台上创造更大的商机，最为关键的还是要提升自身农产品的质量水平。只有那些具有明显特色优势、质量过硬、消费者口碑良好的农产品，才能在新媒体平台上脱颖而出，赢得消费者的长期认可和信赖。

（2）注重用户反馈是关键

新媒体平台所展现出的强大交互性，为农产品市场带来了前所未有的变革。这种交互性不仅使得消费者能够更及时地将购买体验反馈给农产品生产者和销售者，还极大地促进了产销双方的紧密沟通与协作。具体来说，用户通过新媒体平台的评论、投稿或直接沟通等方式，可以轻松地将对农产品的感受、建议甚至是投诉传达给生产者和销售者。这种即时的反馈机制使得生产者和销售者能够迅速了解到消费者的真实需求和意见，从而不断提高产品质量、及时改进销售策略。这种交互性的优势在于，它不仅能够实现产销之间的无缝对接，确保农产品能够根据市场需求进行精准生产和销售，而且能够及时发现并解决生产和销售过程中存在的问题。这对于减少生产和销售损失、提高营销效率具有重大意义。更为重要的是，新媒体平台为农产品市场营销提供了一种无形的财富。

（3）合理选择新媒体平台是前提

新媒体平台的多元化发展趋势为农产品生产者和销售者提供了多种选择和可能性。不同类型的新媒体平台有着不同的内容、形式及特点，其受众群体也存在显著差异。因此，选择合适的新媒体平台进行宣传推广至关重要。以哔哩哔哩平台为例，其主要受众群体是"95后"及"00后"城市青少年群体，这一群体对新鲜事物接受度高，追求个性和创新。对于农产品生产者和销售者来说，如果他们的农产品具有独特的品质、包装或故事，那么哔哩哔哩平台将是一个理想的宣传阵地。通过制作有趣的、富有创意的视频内容，可以吸引年轻消费者的关注，提升农产品的品牌知名度和美誉度。而快手短视频平台最初的主要受众群体是东北地区的农村居民群体，这一平台更注重实用性和生活性。因此，针对农产品，特别是与农村生活紧密相关的产品，快手平台可能更具优势。通过展示农产品的生长环境、生产过程以及农民的真实生活，可以引发消费者的共鸣和购买欲望。在选择新媒体平台时，农产品生产者和销售者还需要考虑农产品的自身特点以及想要开发的潜在消费者群体。此外，农产品生产者和销售者还需要注意，新媒体平台的选择并不是一成不变的。随着市场的变化和消费者需求的演变，他们可能需要不断调整和优化自己的新媒体营销策略，以适应新的市场环境。

第三节　农产品品牌培育

一、确保农产品的品牌诚信度

农产品品牌诚信度是品牌的生命所在，是品牌的根，农产品品牌只有确保真实的诚信度，品牌的生命才能长久。品牌诚信度的三个主要因素包括"可信赖""尊重消费者"和"真实真诚"。中国消费者愿意正面回馈那些可信赖、尊重消费者并且真实真诚的品牌——这三点正是品牌诚信度的主要驱动因素。

农业企业要做到诚信的基本前提就是要守法。守法首先必须懂法，尤其是对涉农方面的法律法规，如《中华人民共和国农业法》《中华人民共和国农产品质量安全法》《中华人民共和国种子法》《农药管理条例》《农业转基因生物安全管理条例》等法规条例，更应该有个全面的了解，要明确自己的权利、责任和义务。在此基础上，品牌农产品经营者要树立两种意识：法律风险意识，证据收集意识。一方面要时刻警示自己，要有敬畏之心，任何时候都不能触碰法律的红线，否则就要付出代价。另一方面，品牌农产品生产者在生产过程中一定要保留完整的生产记录，要尽力做到农产品质量安全的可追溯。

二、突出农产品的品牌辨识度

但凡成功的品牌，都具有鲜明的品牌辨识度，而最能体现品牌辨识度的因素就是品牌的差异性。有人说没有差异性就没有品牌，那么品牌的差异性通常又体现在哪些方面呢？资源环境条件造就差异性，品种创新体现差异性，技术创新打造差异性。一句与众不同的广告语、一个视觉冲击力较强的品牌图腾、一个独树一帜的包装设计等，这些农产品的差异性都足以大幅度提高品牌的辨识度，让消费者在繁杂的市场品类当中一眼就看见，一下就爱上，一次就记住，并且再也忘不了。

（一）品种创新

农产品品种创新能够提高农产品的辨识度。在传统的农业生产中，同一种农产品往往因为种植方法、生长环境等因素而存在着较大的差异。这种差异不仅影响了农产品的品质，也增加了消费者选择的难度。而通过品种创新，可以培育出具有独特外观、口感和营养价值的农产品，使消费者更容易区分和识别。口感酥脆似苹果的太秋甜柿、号称苹果中的贵族的紫红色的美国蛇果、蓬莱毛妹田园的蓝宝石葡萄等农产品新品种，由于和普通产品突出的品种差异性，大幅度提高了品牌的市场辨识度，品牌价值也随之大幅提升（见图 3-3-1、图 3-3-2、图 3-3-3）。

图 3-3-1　太秋甜柿

图 3-3-2　美国蛇果

图 3-3-3　蓝宝石葡萄

（二）技术创新

农产品技术创新，不仅意味着种植、养殖技术的革新，更涵盖了深加工、包装设计、市场营销等全产业链的各个环节。例如，通过运用先进的生物技术、种植技术，可以培育出营养更为丰富、口感更佳的农产品；通过引入智能农业设备，可以提高农业生产效率，降低成本；而深加工技术的创新，则可以将农产品转化为高附加值的产品，满足消费者多样化的需求。在包装设计方面，创新同样重要。一个独特、美观、富有创意的包装，不仅能够吸引消费者的眼球，提升产品的整体质感，还能有效传递品牌理念和产品特色。通过设计元素的巧妙运用，如色彩、图案、文字等，可以营造出独特的品牌氛围，增强消费者对品牌的记忆和认同感。市场营销策略的创新，也是提高农产品品牌辨识度的重要手段。利用新媒体、社交网络等渠道，开展线上线下的营销推广活动，与消费者建立更加紧密的联系，了解他们的需求和反馈，不断提升品牌形象和市场竞争力。

综上所述，农产品技术创新是提高品牌辨识度、赢得市场优势的关键。通过技术创新、包装设计和市场营销等多方面的努力，可以打造出具有独特魅力和竞争力的农产品品牌，为消费者带来更加美好的消费体验。

（三）充分利用独特的资源环境

资源环境条件在提高品牌农产品辨识度方面起着重要作用。农产品作为大自然的馈赠，其品质、口感和营养价值往往与生长环境息息相关。因此，充分利用资源环境条件，不仅可以提升农产品的内在品质，还能增加其外在的辨识度，从而帮助农产品在竞争激烈的市场中脱颖而出。

优质的土壤和气候条件对农产品的生长至关重要。土壤中的营养成分、酸碱度及气候的适宜性都会影响农产品的生长速度和品质。通过选择适宜的种植地点和种植时间，可以确保农产品在最佳的环境条件下生长，从而提升其品质和口感。这样的农产品往往更具特色，也更容易引起消费者的关注和喜爱。合理的农业管理措施也是提高农产品辨识度的重要手段。这包括科学的种植技术、合理的施肥和灌溉制度、有效的病虫害防治等。通过实施这些措施，可以确保农产品在生长过程中得到充分的照顾，减少外界因素对农产品品质的影响。同时，这些措施还可以提高农产品的产量和稳定性，进一步增加其市场竞争力。

通过优化种植环境、实施科学的农业管理措施及加强品牌宣传和推广，我们可以提升农产品的品质和特色，增加其市场竞争力，为消费者带来更好的食用体验。比如威海青旺农业科技示范园喝矿泉水长大的苹果，在生产和消费理念已经从安全农业转向功能农业，营养比普通苹果更丰富的矿泉苹果，备受广大消费者的推崇；威海宇滋家庭农场用黄粉虫和纯粮饲养的猪，瘦肉不柴，肥肉不腻，口感香嫩，营养丰富，塑造了威海首席猪肉品牌，被命名为"传承与科技健康营养养殖农场"。

三、增强农产品的品牌认知度

品牌认知度代表消费者对品牌的了解程度，关系到消费者体验的深度，是消费者在长期接受品牌传播并使用该品牌的产品和服务后，逐渐形成的对品牌的认识。

提高品牌认知度都有哪些方法和手段呢？首先是通过打造产品的差异性增强品牌农产品的辨识度，这个问题在前面已经详述（此略）；其次就是强化宣传。以下重点讲述几种有效的宣传手段。

（一）媒体广告宣传提升知名度

各种形式的广告在推广产品、提升农产品的知名度、打造农产品品牌等等方面都有着不可或缺的作用。传统的广告媒体平台还是首选电视，收视率较高，宣传面较广，但费用也很高，大企业可以凭借雄厚的财力和物力，通过炒作、广告轰炸、大规模的公益和赞助等活动循序渐进地进行品牌塑造，通过建立品牌优势来刺激和吸引消费者的购买冲动。而作为发展中的中小企业又该如何进行品牌塑造从而提高品牌的认知度呢？许多中小企业在这个问题上还存在很多矛盾和疑虑：一方面农产品品牌知名度不高是销售不畅的主要原因，农业企业也想进行品牌塑造；另一方面是农业中小企业的资金和实力有限，担心投了广告万一打了水漂，那企业就更是进退两难了。

品牌塑造不仅是为了塑造而塑造，而是为了更好地实现销售和达成企业的经营目标。对于农业企业如家庭农场来说，市场推广销售的过程本身就是品牌塑造的过程，这一点尤为重要。在资源有限的情况下，如何有效地进行品牌塑造和推广成为这些企业面临的重要课题。中小企业在广告投放上的困境非常实际，资金有限使得它们无法像大企业那样在主流媒体上大规模投放广告。消费者接触的广告宣传媒体种类繁多，中小企业完全可以利用这些低成本的媒体来宣传自己的品牌。例如，终端 POP 广告、网络广告、公交车体广告、横幅广告、墙体广告、经销商门头广告、直邮广告、报纸挂牌广告、短信广告等都是非常有效的宣传方式。特别是现在自媒体平台的兴起，如抖音、快手、火山、西瓜等，为中小企业提供了一个与消费者直接互动的平台，可以更加生动、有趣地展示品牌和产品。这些广告媒体虽然成本较低，但如果整合运用得当，同样能够产生巨大的宣传效果。关键在于企业需要根据自身的现状、竞争状况及消费者的需求动态来制定具体的广告策略。无论是叫卖式的产品销售广告还是品牌形象广告，只要能够精准地触达目标消费者，提高产品品牌的知名度，就是有效的广告策略。

另外，作者认为资金不足的中小企业也可以借势电视媒体进行广告宣传，比如可以通过电视台对家庭示范农场进行报道、对农业创业典型进行宣传、对精品采摘园进行跟踪采访等宣传方式来提升中小农业企业农产品品牌的社会认知度，这种免费的宣传效果不亚于在电视上花钱打广告。

再者，这样的品牌广告宣传不仅只限于国内，也要学会创新宣传思路，走出国门，进行国外宣传。格林弘卓农牧生态园的李书宽，就站得高、看得远，他硬是把一个仅有 200 亩的富硒蓝莓园做到了世界极致。一个家庭农场生产的富硒蓝莓竟然代表中国品牌走进联合国，并且受到了嘉奖。格林弘卓农牧生态园还作为中国首个家庭农场走进美国的时代广场，在那个著名的巨型纳斯达克电子屏幕上打了自家的产品广告。美国时代广场，号称世界的十字路口，那块巨型电子屏幕都是像阿里、腾讯等等这种大型上市公司打广告的地方，这足以证明格林弘卓农场主李书宽先生的创业气魄和高瞻远瞩。墙外开花墙内香，格林弘卓的品牌农产品也因此两次走进中央电视台，知名度迅速传播，消费者的认知度迅速攀升，所以农场生产的富硒蓝莓及其系列加工产品如富硒蓝莓酒、蓝莓果醋、蓝莓酵素等能畅销国内的北上广等一线大城市，并且出口世界很多国家，也就不足为奇了（见图 3-3-4）。

图 3-3-4　格林弘卓品牌在纳斯达克大屏幕上展播

（二）公益慈善捐赠活动提升认知度

公益慈善捐赠活动是农业企业用来扩大影响、提高企业知名度的重要手段。农业企业积极组织和参与各种公益慈善活动，不仅能回馈社会、回报大众，还可以令公众和媒体对企业投来关注的目光，而在活动中邀请报纸、电视记者参与，更能起到新闻宣传的作用。公益慈善捐助活动的内容主要包括社区服务、公共福利、社会慈善捐助、紧急援助、捐款捐物等。

作为中国乳业龙头的蒙牛，便发起这场"每天一斤奶，强壮中国人"大型公益活动，收获了良好的社会反响和品牌资产。此外，蒙牛的"母亲水窖"活动、"蒙牛爱心井"民生工程，乃至"生态行动，助力中国"等大型绿色公益活动也都在社会上产生深远影响。这不但能提升品牌，自然品牌农产品的认知度也会随之提升。

（三）试吃体验活动提升认知度

要提高品牌农产品的认知度，仅让消费者知道这款产品，或者说仅仅在消费者中有一定的知名度是完全不够的，更重要的是要让消费者通过产品体验，对品牌产品产生好感，对产品的品质和口感等有一个全面的认知和了解。消费者要真正体验了解一个产品，特别是农产品，最好的方法渠道就是试吃。曾任联想集团董事长的柳传志一手打造的"良心果"，即"佳沃"奇异果所采用的营销方法就很值得借鉴。佳沃的"带着水果去上学"公益活动以及其在写字楼进行的试吃活动，无疑都是品牌塑造和市场推广的成功案例。这些活动不仅提升了佳沃品牌的知名度，还深化了消费者对佳沃产品价值的理解，从而促进了销售。"带着水果去上学"公益活动精准地锁定了目标消费人群——关注孩子营养健康的妈妈们。它避开了传统的节假日超市摆摊模式，转而选择在写字楼白领午休时间进行推广。这种创新性的做法不仅避免了与其他品牌的正面竞争，还精准地抓住了上班族这一潜在消费群体。通过强调工作时间补充维生素的重要性，佳沃成功地引起了上班族的关注，并促使他们尝试和购买产品。从而也使"佳沃"奇异果的品牌知名度在消费者中广为流传，品牌认知度也因此得到迅猛提升（见图 3-3-5）。

图 3-3-5 "佳沃"奇异果

四、提升农产品的品牌美誉度

品牌美誉度、认知度与产品之间的关系非常微妙且紧密。这三者之间的辩证关系，不仅揭示了品牌建设的核心要素，也为我们提供了评估品牌健康度和成熟度的重要标准。品牌美誉度是消费者对一个品牌的整体好感度和信任度的体现，它不仅取决于产品的质量，还包括了品牌的形象、口碑、服务等多个方面。一个拥有高美誉度的品牌，往往能够赢得消费者的忠诚和喜爱，从而在市场竞争中占据优势地位，而品牌认知度则是消费者对品牌的基本认识和了解程度。一个品牌的知名度可以通过各种宣传手段快速提升，但真正的认知度却需要时间和消费者的亲身体验来积累。只有当消费者对品牌有了深入的了解和认识，才能真正产生对品牌的信任和好感。至于产品，它是品牌的基础和核心。一个优质的产品只有赢得消费者的喜爱和口碑，才能提升品牌的美誉度和认知度。反之，如果产品质量不佳，即使品牌宣传再到位，也难以赢得消费者的信任和认可。在品牌农产品的例子中，我们可以看到这三者之间的辩证关系体现得尤为明显。如果品牌农产品的认知度和美誉度都低，说明该品牌还处于市场导入期，需要提高产品品质和加大品牌推广的力度。如果认知度低而美誉度高，说明产品本身质量不错，但缺乏足够的宣传和推广。而如果认知度高但美誉度低，则可能意味着品牌在宣传上做得不错，但产品质量或服务存在问题，导致消费者评价不高。

在品牌培育的过程中，在农产品品牌认知度已经较高的前提下，究竟应该如何打造农产品品牌的美誉度，让消费者从心灵深处认可并赞誉农产品品牌呢？笔者认为可以从以下四个方面来考虑。

（一）注重农产品品质，打造品牌美誉度

品质优则品牌生，品质劣则品牌死。打造农产品品牌的美誉度，首先必须让农产品的品质在消费者的心目中得到真正的认同，然后才能引起他

们对企业品牌产品产生兴趣，进而形成想购买的欲望，并且付诸行动。

1. 农产品要提升质量

首先必须在整个生产过程中精耕细作，发扬"工匠精神"。比如临沂沂南县的"桃本桃"，就是工匠精神在农业生产中的典型体现。沂南县刘元强的桃子论个卖，一个15.80元，甚至有部分桃子一个卖到88元。就这样贵的桃子，消费者还得排着队等桃成熟。为什么？就因为刘元强的桃子，从种植到采收整个过程都饱含着一种工匠精神。为了保证运输到客户手中的桃子不受任何损伤，采摘的时候，合作社理事长刘元强要求工人们必须戴上手套，并且把网袋套在桃子上后再采摘，在整个采摘包装过程中不允许员工的手触碰到桃子的任何部位。此外，每个包装盒里，都会放一盒印有"桃本桃"的餐巾纸，方便客户使用。

2. 申请地理标志

地理标志保护的农产品，是表示农产品本身特征和地域特征的一个天然品牌，具有比同类农产品更高的市场推广效应和市场价值。一旦农产品打上国家地理标志的标签，就代表着质量与安全，代表着品牌与信誉。该农产品的品牌美誉度就自然升高，消费者也会更愿意为这样的品牌农产品买单。

国家地理标志产品号称"小龙虾中的白富美"的盱眙龙虾，利用山水盱眙的中草药资源，研发出闻名全国的"十三香小龙虾"爆品菜品，然后通过授权加盟，开拓全国市场。2022年在全国市场上，盱眙龙虾的加盟店已超过 2 000 家。因其菜品在消费者中的美誉度非常高，所以加盟店不仅覆盖了全国市场，而且走出了国门，先后在澳大利亚、美国、马来西亚等20多个国家和地区授权盱眙龙虾加盟店。

（二）完善追溯体系，维护品牌美誉度

要培育农产品品牌的美誉度，只通过提升品牌品质来让消费者认识自

己的品牌、了解自己的品牌甚至认同自己的品牌，这些都还是远远不够的。必须采取得力措施完善农产品品牌质量安全追溯体系，要想办法让品牌产品的安全性让消费者看得见、摸得着，方能维护品牌的信誉和美誉度，保持品牌在消费者心目中的持久性。保证农产品质量安全最有效的举措就是进行标准化生产，以便通过"三品一标"认证。

好的农产品的美誉度首先是"产"出来的。在引用推广国家、行业农业标准的同时，制定农业地方标准，基本形成以国家、行业标准为主体，以地方标准为配套，以市县规范和企业标准为补充的农业标准体系框架，实现有标可依；持续强化"三品一标"认证和监管，通过品牌化带动标准化，通过标准化促进品牌化。

农产品的品牌美誉度是"管"出来的，这涉及多个层面的管理与监管工作。针对这一问题，政府启动农产品质量安全县创建活动是一个非常有效的措施。首先，通过创建活动，可以推动地方政府更加重视农产品质量安全，从而加大对农产品生产、加工、流通等环节的监管力度。其次，开展农产品质量安全专项整治行动也是至关重要的。通过重点抓好禁限用农药、瘦肉精、生鲜乳、兽用抗菌药等关键领域的整治，可以有效遏制农产品质量安全问题的发生。再次，建设农产品质量安全追溯平台是实现农产品质量安全监管的重要手段。通过这一平台，消费者可以方便地查询到农产品的质量安全信息，从而更加放心地购买和消费。最后，坚决落实"四个最严"的要求是确保农产品质量安全的关键。这"四个最严"即最严谨的标准、最严格的监管、最严厉的处罚、最严肃的问责，是保障农产品质量安全的重要原则。只有严格执行这些要求，才能确保广大人民群众舌尖上的安全。

（三）开展多种活动，提升品牌美誉度

当今社会，酒香也怕巷子深。随着社会的进步和市场经济的转型，一些经营理念也要与时俱进。各级各地会举办不同主题的农产品博览会；

各级政府主导或者企业牵头举办的以农产品为主题的节庆活动，像"牡蛎节""樱桃节""草莓节""葡萄节""海棠节""桃花节""杏花节""樱花节"等更是举不胜举。作为农业企业应该积极参与，有能力的农业企业甚至可以自己举办这样一些活动，它会让企业的产品美誉度产生极好的传播效果。

普陀佛茶，是浙江省舟山市特产，全国农产品地理标志。普陀佛茶先后多次在国际、国内获奖，并被中国茶叶博物馆收藏。中国普陀佛茶文化节是舟山市的文化节日，举办"中国普陀佛茶文化节"旨在弘扬佛文化与茶文化，推进佛茶产业的交流与合作，展现全区特色农业魅力。每届普陀佛茶文化节围绕不同的主题，通过精心策划茶园实景演出、高僧论佛茶、佛茶文化专题讲座、茶诗书画展、采茶、炒茶能手擂台赛，茶谜竞猜，品佛茶，结善缘捐赠活动及塘头赏茶踏青，佛茶摄影比赛，佛茶、茶具展销会，佛茶文化摄影比赛等一系列配套活动，极大地推动了佛茶文化产业又好又快的发展。普陀区还进一步加大佛茶种植扶持力度，建设集采茶、炒茶、品茶、购茶、茶园观光、农家休闲为一体的精品旅游点，延伸佛茶产业链，丰富佛茶文化内涵，做好佛茶产业、佛茶文化与旅游产业、休闲农庄的结合，做大、做精、做优普陀佛茶产业（见图 3-3-6）。

图 3-3-6　普陀佛茶文化节现场

（四）结合文化创意，传播品牌美誉度

众所周知，农业技术人员的职称被叫作"农艺师"，这一点充分证明了农业其实也是一门艺术。农业品牌的培育，如果能融进一些文化创意，能和艺术结合，那么这个农业企业的农产品品牌美誉度就会更上一层楼，更加深入人心。

胶东大饽饽应该算中华面食中一个古老的品牌，文登花饽饽更是有着300多年的历史，而农民林红就用自己的一双巧手把这一美食做成了具备美好寓意和文化价值的艺术品。她制作的花饽饽，花样百出，美妙绝伦，引爆了市场热点。2018年，她创作的69斤"螃蟹套娃"花饽饽，受到现场外国记者的连连称赞，被外地一客户以3 800元的价格拍走。正是因为融进了传统的乡村文化艺术创意，本来一个普通的花饽饽摇身一变，变成了一个金疙瘩，其品牌美誉度也不胫而走。这一典型案例也充分说明了文化创意在农产品品牌培育中占据着不容置疑的重要地位（见图3-3-7）。

图3-3-7 "螃蟹套娃"花饽饽

五、提高农产品的品牌忠诚度

品牌忠诚度是衡量消费者对品牌忠诚程度的重要指标，它反映了消费

者与品牌之间的情感连接和长期关系。高品牌忠诚度的消费者通常会持续选择同一品牌的产品，并对其表现出信任、满意和忠诚，他们愿意支付更高的价格购买该品牌的产品，并在购买决策中考虑到品牌的声誉和价值。消费者对农产品品牌忠诚度是在之前的品牌诚信度、品牌辨识度、品牌认知度、品牌美誉度都达到一定满意度的前提下才能达成的。品牌忠诚度是品牌价值的核心，它通常由以下几点构成。

一是无品牌忠诚者。这一层消费者会不断更换品牌，对品牌没有认同，对价格非常敏感，哪个价格低就选哪个。根据市场调查及大数据分析，这类消费者通常占比在18%。

二是习惯购买者。这一层消费者忠于某一品牌或某几种品牌，有固定的消费习惯和偏好，购买时心中有数，目标明确。如果竞争者有明显的诱因，如利用价格优惠、广告宣传、独特包装、销售促进等方式鼓励消费者试用，让其购买或续购某一产品，消费者就会进行品牌转换购买其他品牌。这类消费者通常占比在34%。

三是满意购买者。这一层的消费者对原有消费的品牌已经相当满意，而且已经产生了品牌转换风险忧虑，也就是说购买另一款新的品牌，个人感觉会有风险，如效益上的风险、适应上的风险等，这类消费者通常占比在25%。

四是情感购买者。这一层的消费者对品牌已经建立起一种独特的情感，某些品牌是他们情感与心灵的依托，已经成为消费者的朋友和生活中不可或缺的农产品品牌，且不易被取代，这类消费者通常占比在14%。

五是忠诚购买者。这一层是品牌忠诚的最高境界，消费者不仅对品牌产生情感，甚至对品牌产生黏性，引以为傲。这类消费者通常占比较少，只有8%。

对消费者而言，最重要的是产品品质、知名度和美誉度。但实践中，品牌忠诚度的形成并不完全依赖于产品品质、知名度、品牌联想及传播，它与消费者本身的消费特性、消费理念和消费诉求等密切相关，更大程度上依靠的是消费者的产品使用经历和体验。所以说，农产品要想提高品牌的忠诚度，在做好产品品质的同时，一定要从多个角度研究消费者的诉求和体验。

哪些方法和举措可以提升农业企业的农产品品牌忠诚度呢？以下几点可供参考。

（一）保持品质的一致性

第一点也是最重要的一点，就是保持品牌农产品品质的一致性。前面我们讲过，农业生产由于受自然环境及变幻莫测的气候等条件的影响，每年、每季都保持农产品品质的一致性是一件比较难的事情，越是难做到就越显得格外重要。保持农产品品牌的一致性，对于培育品牌的忠诚度，是起到决定性作用的。如四川汉源县生产的阳光玫瑰葡萄，就严格按照标准化生产进行，要求一亩地种葡萄绝对不能超过 110 棵，每棵葡萄留分枝绝对不能超过 20 个，每个枝上挂的果子绝对不能超过一串，每串葡萄留的果粒绝对不能超过 60～75 粒。按这种严格的标准生产出来的葡萄，品质自然就能基本上保持一致，即使受到一些自然环境条件的影响，葡萄整体的品质和形象也不会有太大的变化。

（二）进行技术创新

农业企业不断进行技术创新，必然会使农产品品牌的品质和产品的质量安全不断上档升级，会让消费者看到企业的努力和进步，能感受到并且认为企业的诚信度和美誉度一直在提升，对企业的认知度也会进一步加深，从而为企业品牌培育出一批固定的客户群，保持消费者对企业品牌的忠诚度经久不衰。

要论农产品品牌忠诚最高的，贵州老干妈辣酱当仁不让。老干妈公司是贵州老牌民营企业，自 1996 年成立以来，历经 28 年市场洗礼，从一个小作坊发展成为全国生产及销售量最大的辣椒制品生产企业，成为国内民营经济稳健发展的传奇，缔造了全世界"有华人的地方就有老干妈"的商业奇迹（见图 3-3-8）。

图 3-3-8 老干妈辣酱

作为一家传统食品制造企业，老干妈所建立的商业传奇令世人瞩目，也让大家好奇：传统老牌企业如何实现高质量发展？如何在市场风浪中更上一层楼，始终保持着消费者绝对的忠诚度，并且向着百年老店迈进的？事实上，老干妈公司一直致力于向着成为全球调味行业最具竞争力的制造商的目标奋进。为实现这一目标，老干妈大举进行科技创新，通过"千企改造"，运用大数据技术实现了从传统制造向工业化、智能化的转型，有效提升了产品质量和产量，确保了生产的安全性。目前，老干妈生产线智能化水平已达 80% 以上，这是老干妈忠诚粉丝一直热度不减的秘诀之一。

忠诚度不减的秘诀之二是老干妈在国内多个基地采购辣椒原材料。俗话说"湖南人不怕辣，贵州人辣不怕，四川人怕不辣"，老干妈会根据市场上消费者不同的食辣习惯，生产不同辣度的产品，全国各地的辣椒辣度各有不同，以此为原料，正好能为全国各地的消费者量身定做不同辣度的辣椒酱，满足消费者的不同口感和需求。

（三）创新养殖方式

在养殖方式上创新，不仅能提升产品的品质和口感，更能满足消费者日益增长的多元化需求，从而全面提高消费者的忠诚度。这种创新可能涉及养殖环境的改善、养殖技术的升级，甚至养殖模式的转变。通过引入更环保、更健康的养殖方式，如生态养殖、有机养殖等，可以使产品更安全、更健康。这样，消费者不仅能享受到美味的产品，还能感受到对健康和环保的关心；先进的养殖技术，如智能化养殖、精准养殖等，可以提高养殖效率，降低养殖成本，同时保证产品的品质和口感。这样，消费者可以享受到更优质、更实惠的产品，从而提高对品牌的满意度和忠诚度。

（四）为品牌塑魂

只有为品牌塑魂才能召唤铁粉。人类的享受分三个等级：初级享受是物质享受；中级享受是精神享受；高级享受是灵魂享受。农产品品牌要想保持客户矢志不渝的忠诚度，必须进行品牌塑魂。一个有品质的产品，只能找到消费者，一个有灵魂的品牌才能留住消费者。品牌灵魂是直击人性的品牌态度和价值主张，许多生产经营者的品牌观念其实一直停留在种养思维、广告思维和产品思维上，没有和消费者关联，没有形成独特的品牌价值，这样没有灵魂的品牌如同行尸走肉。一个品牌能够满足消费者的物质需求，这只是最基本的要求，如果进而能够与消费者产生精神共鸣，甚至超出消费者的期待，那么这个品牌就可以持续地吸引住消费者，产生黏性、忠诚，这个品牌在消费者的心里就是排他的，就会成为消费者的唯一选择，进而完成对消费者的召唤。优秀的农产品品牌是植入消费者心中的某一类产品最优秀的代表，能够在消费者心目中形成条件反射式的首选。就像想吃牡蛎就自然想到乳山，想吃萝卜就自然想到潍坊，想吃小龙虾就想到盱眙，想喝凉茶就想到加多宝，想吃干果就会自然想起三只松鼠，想吃榨菜就想到乌江。

六、保持农产品品牌的竞争力

（一）挖掘农业品牌的深层表现力

品牌是企业的无形资产，是企业竞争力的重要组成。品牌不光传达了质量和服务的保证，还是一个更为复杂的符号，有特定属性、利益感、价值感、品牌文化、品牌个性、自我实现六层含义，是企业的灵魂。

（二）打造特色品牌

近年来，我国积极实施农业品牌战略，强化品牌意识，开展品牌宣传，重视扶持培育，将农业品牌建设作为提高市场竞争力的重要抓手，形成了一批具有一定规模和知名度的农业品牌，并取得了一定的成效。

品牌对于农业企业而言，无疑是获取竞争优势的关键要素。在日益激烈的市场竞争中，品牌不仅代表了企业的形象和产品的质量，更是企业核心价值的体现，是企业与消费者建立深度联系的重要桥梁。随着市场经济的成熟和全球化趋势的加强，品牌经济时代已经到来。农业企业要想在市场中脱颖而出，就必须将品牌建设作为企业的核心战略之一。

第四节　农产品品牌保护

品牌保护是品牌经营中不可或缺的一环，它涉及品牌的资格、权益及形象等多个方面的维护。在市场竞争日益激烈的今天，品牌保护显得尤为重要。品牌经营者需要加强对区域公用品牌的管理和保护，建立健全品牌管理制度，规范品牌使用行为，提升品牌价值和影响力。

一、加强农产品品牌保护的意义

（一）促进传统农业向现代农业转变

农产品品牌化是现代农业的重要标志之一，加强农产品品牌保护有利于促进农业生产标准化、产品市场化、经营产业化、服务社会化，有利于加快农业增长方式由数量型、粗放型向质量型、效益型转变。

（二）提高农产品质量安全水平和竞争力

通过加强农产品品牌保护，重点培育和打造区域农业名牌，有利于促进农产品质量安全水平整体提升，形成一批具有市场竞争优势的品牌农产品。

（三）优化农业结构

随着人民生活水平的不断提高，社会对农产品品种、质量、安全、功能等提出了更高的要求。加强农产品品牌保护能够满足日益增加的多样化、优质化的消费需求，有利于引导土地、技术、资金、劳动力等生产要素向品牌产品优化配置，从而推动区域农业结构的不断调整和优化升级。

（四）实现农民增收、农业增效

品牌是无形资产，打造农产品品牌的过程就是实现农产品增值的过程。加强农产品品牌保护，有利于拓展农产品市场，促进农产品消费，推动优质优价机制形成，实现农业更强、农民更富、农村更美的愿景。

二、现阶段农产品品牌保护存在的问题

近年来，我国在农产品品牌建设方面取得了令世人瞩目的成就，全国各地农产品品牌建设发展势头迅猛。我国现已成为世界第一商标大国，但遗憾的是我们还不是品牌强国，特别在农产品品牌保护方面存在着一些不容忽视的问题，导致农产品品牌的发展受到一定的制约，同时也对保护农产品品牌造成了相当的困难。

（一）农产品品牌意识不强，农产品品牌质量不稳定

部分农民品牌意识淡薄，农产品品牌质量不稳定、不可控，这具体表现在实践中：一是农产品质量安全意识不强，误认为注册商标就算有了自己的产品品牌了，没有按照品牌标准和根据市场的需求生产优质农产品。对《中华人民共和国农产品质量安全法》等法律法规不懂也不学，对农产品质量安全标准体系更是知之甚少。有的农场主虽然按规程申请注册了品牌商标，但依然在按传统的方法凭经验进行生产，所以错用、乱用、滥用农药或者饲料添加剂及其他农业投入品的现象屡屡发生。二是很多地方存在着少数经营者为片面追求经济利益而以假乱真，以次充好的现象。如一些注册了跑山鸡品牌商标的家庭农场，为了追求利益最大化，竟然从周边地区买来便宜的普通鸡苗，使用含有激素的饲料喂养，快出栏的时候，再把鸡抓到山上放养几天，然后摇身一变就成了跑山鸡，再卖给消费者，严重损害品牌形象，使品牌信誉度大打折扣。

（二）知识产权认知不全，商标保护不规范

这种不规范首先表现为品牌名与商标名的不一致。部分企业对商标与品牌的关系并不是非常清楚，有的企业甚至认为必须有一个商标名，然后再起一个品牌名。实际上这是大错特错的，商标名与品牌名本质上是完全统一的。商标名就是经过注册的品牌名，我们将品牌进行注册就是为了用商标对品牌进行保护。因为国家法律保护的是经过注册的商标名，那么，如果品牌名与商标名不一致的话，再想用法律去保护品牌就成了一纸空文了。

商标的国际保护拥有极为严格的限定条件，农业企业特别是涉外企业

必须对其加以了解，主要包括以下几点。

（1）《保护工业产权巴黎公约》的成员国要根据本国的法律规定进行保护。若该成员国法律没有这方面的规定，第三国出具的任何证明均不发生作用。

（2）认定商标是否驰名，应是在商标注册国或商标使用国驰名，并经其商标主管机关认定，并非以原属国驰名为条件，也不以原属国的商标主管机关的认定为依据。某一外国商标即使在其本国享有很高的知名度，被其本国认定为驰名商标，但其在使用国却鲜为人知，将不会被使用国商标主管机关认定为驰名商标享受特殊保护，这是驰名商标在异国应遵循的保护原则。

（3）原属国向他国出具的驰名商标证明，只是他国审理商标案件时的参考文件，并非实质性文件。从近几年来的实践看，在处理商标国际纠纷时，凡要求出具驰名商标证明的，没有一件是国外商标主管机关向我国商标局主动联系的，都是中方企业自行提出申请。从出具文件的效果上看，也是极为有限的，因为判断的关键是该商标在使用国是否真正驰名。

三、农产品品牌保护举措及对策

（一）加强农产品质量安全建设

"民以食为天，食以安为先"，质量是品牌的生命，如果产品质量有问题，它就肯定得不到消费者的认可，其也就失去了在市场上赖以生存的基础，更不可能成为消费者信赖的名牌产品。如果不重视产品质量，即使是名牌农产品也摆脱不了被消费者淘汰的命运。农产品大多是食品，其质量安全直接关系到消费者的身体健康甚至生命安全。实事求是地说，农产品质量安全是农产品品牌管理的基础。因此，对于农产品质量问题，我们必须全力以赴，决不可掉以轻心。

切实加强农产品质量安全建设，应从以下三个方面着手。

第一是增强农民生产质量安全意识。要把农产品质量安全建设作为农民培训教育工程的重点内容，通过培训，让农业从业者充分认识到农产品质量安全的重要性，使其掌握保证农产品质量安全的方法和规程。

第二是加快各级农产品质量检测中心建设。精心组织，全面开展更为严格的农产品质量检测工作，加强"三品一标"（无公害农产品、绿色食品、有机农产品及农产品地理标志）的认证工作，全面提高农产品质量水平和市场竞争力。

第三是切实加大对农资市场和农产品市场的监管力度。市场监管局、食品安全检验检疫局、卫生健康局、农业农村局及相关执法部门要切实履行职能，一方面指导农业生产经营者诚信生产经营，加强质量管理，防患于未然；另一方面做好对农产品质量的检验和对价格的监管，加强执法检查，发现问题，及时解决，对生产假冒伪劣产品、以次充好的不法企业和业主要坚决予以打击，优化市场环境。

（二）强化农产品品牌保护意识

对品牌的保护首先要求企业管理人员树立正确的品牌意识。部分企业之所以对品牌保护仍不重视，主要原因有两个方面：一是仍没有认识到品牌这一无形资产的价值所在，以及名牌给企业和消费者带来的利益；二是还没有学懂并弄通市场经济操作规则和运行机制。强化农产品品牌保护意识，需要明确以下三点。

第一，品牌是产品的灵魂。没有品牌，产品就没有名分，没有商标，产品就没有身份证，最终就没有市场。事实证明，即使一个企业的产品质量非常优异，但消费者如果没有意识到该企业产品优异的质量，对企业产品质量的认知度不高，那么市场反应的结果也是非常冷淡的。信息的不对称使消费者不会去购买他们不了解的优质产品，而是会去购买他们认知并信赖的质量优异的产品。所以，一个农业企业要想做大、做强，就必须拥有并做强自己的农产品品牌。

第二，农产品品牌做大、做强的过程，同时也是一个不断加强品牌保护的过程。一个农产品的品牌做得越大、越强，其被假冒侵害的风险就越大。无数事实告诉我们，一个农业生产经营主体如果只重视农产品品牌商标专用权，而不重视对其保护，最终必然走向失败。

第三，法律手段是加强和保护农产品品牌的最好手段。我们要从思想观念上认识到，市场经济是法治经济，一切经济活动都要按经济法律规则操作，要保护品牌，维护自己的权利，进行商标注册是企业的不二选择。

（三）成立企业的自律组织

在品牌保护的实施过程中，之所以有部分生产者生产假冒品牌，其主要原因是这些小企业的规模太小而数量又太多。加之品牌创建费用又高，他们承担不起，对他们来说，假冒同行的品牌是一个省时省力又赚钱的买卖。比如新自然草莓专业合作社生产的新自然博士品牌的草莓，因其品种新、品质佳、口感好，深受消费者推崇，在市场中获得了较高的利润。在高额利润的引诱下，其他草莓种植户也开始在市场上叫卖新自然博士草莓。这种问题如何去解决呢？

笔者认为，目前解决这一问题的最佳办法有两条：一是让农产品生产者成立一个自律组织，互相监督侵害他人品牌权益的行为，并让他们进行自我管理，形成一个内在的监督机制；二是成立联合体企业，注册联合体企业品牌。它是联合体企业创建的具有自主知识产权的企业品牌，是区域品牌的市场代表，更是直接参与市场竞争、赢得消费者认可的用户品牌。它解决的是区域公用品牌"管的人不用、用的人不管"，成为"品牌公地"，假冒横行，透支信任，消费者不知选择谁的产品好的问题。联合体企业可以把那些中小企业组织起来统一管理，对符合企业品牌标准的予以品牌授权使用。对那些不符合企业品牌标准的，哪怕是同一产地的同类产品，也要拒之门外。就像五常大米、阳澄湖大闸蟹，有了联合体企业品牌，区域品牌才能转化为消费者可选择的市场消费企业品牌，特别是对于区域公用品牌而言，消费者有了购买目标，假冒伪劣就无机可乘，市场秩序才能井然。

（四）通过开拓市场进行自我保护

应该说这是一个更为积极的保护措施。农业企业可以通过不断地开拓市场，在假冒伪劣者没有占领市场之前就将产品铺到各大超市、批发市场、各种连锁店甚至社区及网上，总之是顾客所能接触到的任何地方。这种积极的经营方式，不给造假者以任何可乘之机。这种方法既抢占了市场，又打击了造假者。对于打击假冒伪劣品牌是行之有效的方法，但是采用这种方法的企业必须具备充足的产量及雄厚的实力。

第四章　农产品品牌建设策略

农产品品牌建设需聚焦于品质提升，实现品牌增值。本章为农产品品牌建设策略，依次介绍了农产品品牌创建的途径、控制农产品品牌建设风险、农产品品牌延伸策略等三个方面的内容。

第一节　农产品品牌创建的途径

一、农产品品牌创建的准备

农产品品牌创建要以市场为导向，以质量和效益为中心，以企业为主体，政府引导，政策扶持，创造有利于培育和发展品牌的社会环境，构建农产品品牌建设机制。

（一）充分掌握农产品供求信息

农产品供求信息在农产品流通中扮演着至关重要的角色，它不仅是市场动态的晴雨表，也是农业生产和消费之间的桥梁。这些信息反映了农产品从生产到消费各个环节的情况，为农业生产者、销售者和消费者提供了决策依据。农产品流通作为连接生产与消费的关键环节，其过程复杂而精细。从农村产地收购开始，农产品经过集散地或中转地的集中处理，再分散到城市、其他农村地区或国外等销售地。这一过程中，供求信息不断产生和更新，为市场参与者提供了宝贵的参考。农产品供求信息的重要性体现在多个方面。首先，它对于农业生产具有引导和促进作用。通过分析供求信息，生产者可以了解市场需求和价格走势，从而调整种植结构、优化品种选择，提高农业生产效益。其次，供求信息对于以农产品为原料的工业生产也具有重要意义。工业企业可以根据农产品供应情况，合理安排生产计划，确保原料供应的稳定性和成本效益。此外，农产品供求信息还促进了城乡物资交流、经济合作及农村市场的完善。通过信息的传递和共享，城乡之间的经济联系更加紧密，资源配置更加合理，有助于推动农村经济的发展和农民收入的增加。同时，供求信息的公开透明也有助于提高消费者对农产品的信任度，满足消费需求，进一步推动国民经济的发展。

采集农产品供求信息，要注意弄清农产品的种类、数量、产地、规格、价格、时效等信息元素。怎样才能知道全国农产品供需情况？第一，要多关注各方面（如电台、电视、报纸、期刊等）关于农产品的报道，每个地方的农产品供需情况都是不一样的，有地域性。第二，现在互联网上各种"农产品交易网"已经开始盛行，多留意这些网站里面的资讯、产品等，可以帮助我们通过信息和数据来分析当前的农产品供需走势。第三，长期进行农产品市场跟踪调研，可以多与农产品供应商、采购商进行沟通，多熟悉市场，时间久了就会对农产品的供需情况有所了解。中国地域广阔，想要分析全国农产品的供需情况，必须有时间的积累和经验的沉淀。第四，要善于汇总和分析。农产品供需情况是动态的，需对农产品的供需情况进行长时间的调研，并对调研数据进行分析，从中总结出农产品供求规律。

（二）挖掘和整合农业优势资源

农业资源是农业自然资源和农业经济资源的总称，农业自然资源包含农业生产可以利用的自然环境要素，如土地资源、水资源、气候资源和生物资源等；农业经济资源是指直接或间接对农业生产发挥作用的社会经济因素和社会生产成果，如农业人口和劳动力的数量和质量、农业技术装备，包括交通运输和通信等农业基础设施等。

资源优势的描述一般从总量、分布特点、品质高低及可开发情况、与市场的关系等方面进行描述。总量是指资源的丰富程度，在一个地区中的位次；分布特点是指空间分布是否均衡、哪里集中哪里贫乏，或哪个季节多哪个季节少；品质高低包括质量优劣、开发的可行性；与市场的关系则是指距离市场的远近、市场需求量的大小等。

政府相关部门在农业发展和品牌建设方面的策略非常全面且深入。首先，政府重视地区农业自然资源特色和农业生产比较优势的分析。通过对这些资源的深入挖掘和整合，能够合理规划特色农产品的生产布局，实现差异竞争和错位发展。这不仅有助于提升农产品的市场竞争力，还能有效避免同质化竞争，促进农业产业的健康发展。其次，政府注重农耕文化的挖掘和传承。农耕文化是中国传统文化的重要组成部分，具有丰富的历史内涵和文化价值。通过深入挖掘农耕文化，可以突出地方资源特色、品种特色、功能特色和文化内涵，为农产品品牌建设提供有力的文化支撑。以区域公用品牌、企业品牌、产品品牌为核心的品牌体系，能够将农业资源优势转化为产品市场优势，提升农产品的知名度和美誉度，从而提升农产品的市场竞争力。此外，政府在整合资源和打造品牌方面也有明确的策略：通过整合政府、协会、企业等资源，建立农产品品牌目录制度，集中力量打造一批具有影响力的品牌；同时，发挥政府和行业组织的管理监督职能，加强特色农产品产地认证和标准化生产基地建设，确保农产品的质量和安全。最后，政府还重视发挥新型农业经营主体的创新引领作用，通过增强这些主体的品牌意识、市场意识、质量意识和诚信意识，强化产品质量认证及体系认证，打造一批有竞争力的企业品牌和产品品牌，这有助于推动农业产业的转型升级和提质增效。

（三）提高农产品的科技含量

农业科技，主要就是用于农业生产的科学技术以及专门针对农村及城市生活的农产品加工技术，包括种植、养殖、化肥农药的用法、各种生产资料的鉴别、高效农业生产模式等几方面。农产品的科技含量是农产品实现增值的重要手段，是我国农产品角逐国内外市场的基础。因此，我们要引进、开发、推广在国际市场上适销对路的农业高新优良品种，引进无污染、高科技含量、投资回报大的高新技术，大力发展有机食品、绿色食品，提高农产品的科技含量，改善农产品品质。

1. 推广创新农业

适应农业发展新形势需要采取一系列措施，包括科技进步、提高劳动者素质以及品牌战略等方面的努力。首先，建立健全良种引进、繁育、推广体系是非常重要的。这样可以加强各类优质、新品种的引进和繁育工作，提高农产品的品质和产量，从而促进农民增收。其次，加强农业标准化体系和农产品质量检验检测体系的建设也是必要的。制定和完善农产品质量安全标准以及农业生产技术标准，既可以保障农产品的质量和安全性，又可以推动无公害、绿色、有机食品的发展。最后，加大实施农产品名牌战略的力度也是有效的方式之一。通过品牌战略可以促进名牌产品的产业化，提升农产品的市场竞争力，进而促进农业发展和农民增收。

2. 提高农民的科技文化水平

随着社会经济的全面发展，在当今科技普及的时代，农民的科学素质水平对农业现代化和农村经济发展至关重要。农民作为农业生产的主体，其科学素质水平直接影响着农业生产的效率和质量。随着科技的不断进步，新兴科学技术对于提高农业生产力和品质具有重要意义。只有将新兴科学技术充分引进农业，才能推动我国农业、农村走向现代化，提升农民的生活水平和农村经济的发展水平。

提高农民的科技文化水平，要进一步改善农村基础教育，通过基础教育加强科学教育；要加强农村科普，改变传统科普方式；引导和支持基层科技工作者通过各种渠道开展科技咨询、科技培训、典型示范和信息服务，不断壮大农村实用技术人才队伍；在对农民的科技教育中，要以产业结构调整为着力点，真正使农村科技教育以市场为导向，以农民为对象，以促进农村经济社会发展和农民科学文化素质提高为目的。

3. 大力发展特色农业

特色农业就是利用区域内独特的农业资源，开发区域内特有的名优产品。我国自古以来就有"物以稀为贵"的说法，发展特色农业，要求做到"人无我有、人有我优"。

特色农业的实践对于区域农业发展具有重要意义。特色农业的核心在于充分挖掘区域内的资源优势和特色，通过科技进步和产业链的建设，实现农业生产的高效运作、提高产品的市场竞争力。这种农业模式不仅追求经济效益，同时注重生态效益和社会效益，通过合理配置生产要素，形成符合市场需求的特色产品。在特色农业中，科技起到了先导性作用，推动着生产方式的创新和提升。特色农业的发展是适应当前社会消费需求、世界经济一体化和全球农业市场细分需要的必然结果。因此，发展特色农业是我国农业结构战略调整的要求，是提高我国农业国际竞争力的要求，是农产品品牌创建的迫切需要。

（四）延长产业链，增加价值链

1. 农产品产业链

农产品产业链是指农产品从原料、加工、生产到销售等各个环节的关联。农业是一个国家最基本的产业，要扩大生产规模，要形成产业链条，从而提高农民的收入，促进农业的进一步发展。要实现乡村振兴，农村不能只发展农业，还要发展农业之外的二三产业，延长农业产业链，不仅要发展种养业，还要发展加工、储存、运输等行业，实现产业链由低端到高端的转化。

2. 农产品加工

近年来，我国农产品加工业有了长足发展，已成为农业现代化的支撑力量和国民经济的重要产业，在促进农业提质增效、农民就业增收和农村一二三产业融合发展，提高人民群众生活质量和健康水平，保持经济平稳较快增长方面发挥了十分重要的作用。随着农业技术的进步，农产品质量普遍提高，通过贮藏与保鲜技术的推广应用，使我国主要果蔬的贮藏期与供应期明显延长。

农产品加工向深度、精度及专用化方向发展。随着农产品直接消费需求的下降，加工制品的比重上升，农产品加工业的产品结构开始向多样化的方向发展，产品附加值不断提高，主要农产品深加工或二次以上加工的比例达到30%以上。

进一步促进农产品加工业发展，不仅有利于我国农业结构调整和现代农业建设，更是促进农民增收和农村经济繁荣的重要措施。

3. 农产品物流

（1）农产品物流的概念

农产品物流是指对农业生产出的各类产品进行后续加工、包装、储存、运输和配送等一系列物流环节的活动。其目的是确保农产品能够在生产地保持品质和价值的基础上，顺利地送达消费者手中，以满足市场需求。

我国引入物流的概念是在 20 世纪 80 年代初。《物流术语》（GB/T 18354—2006）中将物流定义为：物品从供应地向接收地的实体流动过程。根据实际需要，将运输、储存、装卸、搬运、包装、流通加工、配送、信息处理等基本功能进行有机结合。

农产品物流的发展目标是增加农产品附加值，节约流通费用，提高流通效率，降低不必要的损耗，从某种程度上规避市场风险。农产品物流的方向主要是从农村到城市，原因是商品化农产品的主要消费群体是在城市。

由于农产品保鲜期短，便利快捷的运输、合理的流通网点分布对降低农产品损耗、提高农产品流通交易效率至关重要，推行农产品物流标准化对于提高流通效率、降低流通损耗具有非常重要的作用。

（2）我国农产品物流的发展现状

① 市场体系建设日趋完善：全国各地坚持以市场为导向，大力培育农副产品市场，如大型批发市场、专业市场和集贸市场，为促进农产品流通、农村产业结构调整和农民收入增加起到了积极作用，基本上形成了从生产、收购、流通加工、运输、储存、装卸、搬运、包装、配送到销售的一整套组织环节体系。

② 交易主体和交易方式多种多样：我国农产品交易主体主要有自产自销农民、农业企业和流通中介体（如流通协会、村级集体组织、专业协会等），并相继出现了期货、拍卖、订单等新型方式。农产品的流通手段也有所更新，连锁经营、配送和网上销售等现代方式有所发展，有些农产品已进入大型商业销售网络。农产品交易环节形式多样，有生产直接进入零售的，也有生产、交易、一级、二级批发等多环节的。

③ 新型流通形态逐步形成：县城商业网—集镇商业网—乡村商业网的流通网络基本形成，集中分布固定网点，并以流动网点作为补充。以中小型网点为主，以县城为中心，集镇网络为骨干，联系乡村分散网点并与农产品采购网络结合起来的新型流通格局已逐步形成。但是我们也应看到，我国农产品物流业起步晚，还存在诸多不足，总体来说国内的物流企业很多还是粗放式经营。

一是农产品物流技术处于低端水平。我国农产品物流是以常温物流或自然物流为主的，未经加工的鲜销产品占了绝大部分，在运输的过程中，保鲜、包装、再次加工技术比较落后，而且运输工具不能满足农产品物流的需要，农产品在物流的运输过程中损耗严重。

二是自营物流仍占主导地位。虽然我国农产品物流从业主体绝对数量大，但是众多的参与个体和组织规模小、层次低、离散性强、联合性差、组织化程度低，缺乏竞争力。

（3）大力发展农产品物流业

① 打造现代农产品供应链管理（Supply Chain Management）SCM 模式：SCM 模式是指在满足一定的客户服务水平的条件下，为了使整个供应链系统成本达到最小而将供应商、制造商、仓库、配送中心和渠道商等有效地组织在一起来进行产品制造、转运、分销及销售的管理方法。"市场信息指导+种业公司+农业科技推广+农资连锁经营+整合型生产物流机制+食品安全认证与标准化"模式是一个较好的选择，该环节一般可分为产前物流、产中物流和产后收获物流三个阶段。要鼓励农民成立生产协作小组，尝试实施整合型生产物流机制，将区域内的农作物耕作、田间管理及农产品的收获、加工、存储等作业形成的物流统筹由共同机制运作，确保食品安全，着力打造绿色农产品产业链。

② 提高农民素质，增强现代物流意识：在农产品流通过程中，提高农民素质是在市场竞争中取胜的关键。农民作为农产品流通的起点和主体，他们的素质和能力直接影响到农产品的质量和流通效率。因此，通过教育和培训增强农民的市场经济观念，转变经营方式，提升物流管理水平，对于改善农产品流通方式、提高运作效率、降低成本、促进农民增收具有重要意义。

③ 创新农产品物流技术：技术创新在物流链条上扮演着至关重要的角色，是推动物流业持续发展的关键支撑和动力。在农产品流通领域，技术创新同样占据着举足轻重的地位。因此，我们应将技术创新置于核

心位置，通过不断的技术突破和应用，推动农产品物流的现代化和高效化发展。

4. 农产品包装

农产品包装是对即将进入或已经进入流通领域的农产品或农产品加工品采用一定的容器或材料加以保护和装饰。

产品包装是产品的一个重要组成部分，包装设计的一项重要任务就是更好地符合消费者的心理需要，通过更人性化的包装设计让人们生活得更舒适、更富有色彩。因此在农产品的包装上，选择不同的包装策略将得到不同的包装效果。

农产品包装有几个主要作用：突出农产品的形象；突出农产品用途和使用方法；展示企业整体形象；突出农产品特殊要素。

《中华人民共和国农产品质量安全法》第二十八条规定：农产品生产企业、农民专业合作经济组织及从事农产品收购的单位或者个人销售的农产品，按照规定应当包装或者附加标识的，须经包装或者附加标识后方可销售。包装物或者标识上应当按照规定标明产品的品名、产地、生产者、生产日期、保质期、产品质量等级等内容；使用添加剂的，还应当按照规定标明添加剂的名称。《农产品包装和标识管理办法》第二条规定：农产品的包装和标识活动应当符合本办法规定。

5. 农产品的保质

为加强食用农产品监督管理，规范食用农产品市场销售行为，保障食用农产品质量安全，原食品药品监督管理总局颁布制定了《食用农产品市场销售质量安全监督管理办法》（以下简称《办法》），已于 2016 年 3 月 1 日实施。该《办法》对农产品市场销售质量安全管理范围、食用农产品的含义、食用农产品质量安全管理、食用农产品市场准入、食用农产品销售者的销售和储存场所及设施设备、禁止销售的食用农产品、食用农产品进货查验记录制度、对储存和运输食用农产品的要求、对储存服务提供者储存食用农产品的要求等方面都做了具体要求，对农产品保质提供了法律依据和具体要求。

（五）加强生产监管，全面提升农产品质量

农产品质量受到多个因素的共同影响，包括品种、栽培技术、生产环节的可追溯性，以及生态环境的质量等。这些因素的优化和协同作用，对于农产品质量的提升至关重要。首先，品种优良是农产品质量的基础。选择适应当地气候和土壤条件的优质品种，可以确保农产品具有良好的生长潜力和品质特性。其次，先进的栽培技术对于提高农产品质量也至关重要。通过科学种植、合理施肥、病虫害防治等措施，可以有效提高农产品的产量和品质。此外，生产环节的可追溯性也是保障农产品质量的重要手段。通过建立完善的农产品追溯体系，可以实现对农产品生产、加工、运输等各个环节的全程监控，确保农产品质量安全可靠。同时，生态环境的达标也是农产品质量的重要保障。保护生态环境，减少污染，可以提高农产品的纯净度和品质。针对这些因素，农业生产标准化成为提升农产品质量的关键出路。通过制定和实施严格的农产品质量安全标准，可以规范农产品生产、加工和流通环节，确保农产品从田间到餐桌全过程的质量安全。

在农产品收购方面，优质优价原则的核心地位应得到充分体现。根据农产品的质量差别制定不同档次的收购价格，可以激励农民和生产企业提高农产品质量，形成良性循环。同时，完善农产品质量分级制度，改进分级标准设计，可以更好地满足市场对农产品质量的多层次和多元化需求。最后，坚持标准先行，提高违法成本，也是倒逼高质量农产品生产与供给的重要手段。通过制定严格的法律法规和监管措施，加大对违法行为的处罚力度，可以有效遏制农产品质量安全问题的发生，促进农产品质量的整体提升。

（六）建立健全农产品市场营销、推广体系

1. 以市场为支撑，构建农产品市场营销体系

农产品批发市场是农产品市场营销体系建设的关键组成部分，推广"农贸市场改超市"和实现"农超对接"是当前农产品流通体系改革的重要方向之一。这些举措旨在方便消费者购买农产品，拓展销售渠道，从而促进农产品销售的增加和市场的繁荣。通过提高农产品质量、加强品牌建设等手段，可以提升农产品的经济附加值，使其在市场上获得更好的竞争力和价值体现。同时，支持农产品市场营销体系的建设也包括了改善农产品物流、拓宽销售渠道、加强市场监管等多方面的工作，旨在构建一个更加健康、高效的农产品市场环境，促进农民增收致富，推动农村经济的发展。

2. 以信息为导向，构建农产品市场营销体系

加快发展农产品市场营销信息化建设，将信息化建设作为提高农产品流通效率的重点来抓，要将信息服务与农产品电子商务、连锁经营和物流配送等方面的建设结合起来，从建立农产品批发市场信息网起步，构建信息流枢纽，搭建农产品市场营销服务构架。

3. 以企业为主体，构建农产品市场营销体系

创新农产品进超市、进市场、进食堂、进社区、进餐饮的"五进"营销模式，积极实施"新网工程"，创新服务方式，广泛开展联合、合作经营，积极参与领办、创办农产品营销专业合作组织，加强农民经纪人队伍建设，组建经纪人协会，让农村的"能人"在市场经济中发挥作用。

4. 以网络为平台，构建农产品市场营销体系

以农民专业合作社为服务平台，提高农产品市场化、商品化程度，宣

传优秀企业品牌和形象，建立农业对外交流的窗口和平台。通过扶持农民专业合作社，提高组织化水平，增强对接能力，发挥"农超对接"的规模效益作用。

5. 以连锁为载体，构建农产品市场营销体系

推进农产品流通标准化，促进农产品流通的发展。兴办名特优农产品展销中心和农产品网络销售中心，形成保障平台，促进优质农副产品下乡、进城，全面推行商品质量承诺制度、商品准入制度。通过发展农副产品连锁经营，改善消费环境，确保商品质量，平抑市场价格，规范经营秩序。

6. 以质量为保证，构建农产品市场营销体系

建立健全农产品质量安全可追溯系统，加强农产品产前、产中和产后各个环节的农产品质检工作。

（七）组建优质农产品产销联盟

组建优质农产品产销联盟，是乡村振兴和现代农业高质量发展的需要。我们要将联盟成立作为起点，全面提升农产品的质量和品质，把好质量关、品牌关、价格关、服务关，落实农业生产经营主体责任，推进农业标准化生产，推广农业绿色生产技术模式，强化农产品质量安全监管，有效提升农业供给质量，及时满足市场需求。同时，要促进优质农产品走入千家万户，从而有力拓展农产品的销售渠道，切实帮助农业企业和农民增收。注重突出"优农联盟"统筹和整合行业全要素力量，提升农产品的品牌影响。要立足资源优势，突出产业特点，做大做强一批特色鲜明、质量过硬、信誉可靠的农产品区域公用品牌，将其培育成乡村振兴和现代农业高质量发展的"地域名片"，从而有力促进产业兴旺和乡村繁荣。

二、农产品品牌创建实施方案的制定

（一）农产品品牌建设的主体及其职能

对于农业企业而言，建设农产品品牌是其可持续经营的有效保障，能够为企业带来长久利益。因此他们愿意积极投入农产品品牌建设中去，所以农业企业是农产品品牌建设中主要和基本的主体。而政府、农业行业组织（协会）和农户（专业户）则是农产品品牌建设三个主要的参与主体，他们参与并影响农产品品牌建设的行为。

（1）企业的职能

农业企业是农产品品牌建设的基本主体、决策主体，是农产品质量的控制主体，是农产品质量标志的申报主体，是品牌农产品价格的决策主体，是品牌文化的建设主体，是狭义农产品品牌的注册主体。企业在农产品品牌建设中起着决定性作用，负责农产品品牌定位的战略规划、选择定位方式、实施定位计划、定位传播方案等职责，是品牌竞争力的根本保障，负责农产品采购过程、农产品加工过程、农产品销售环节的质量控制，制定定价机制和调价机制。对于品牌的注册，企业具有完全的自主权。

（2）政府的职能

政府在农产品品牌建设中主要承担农产品质量标准的制定、农产品品牌注册的管理、企业农产品品牌建设政策和法规的制定等任务。

政府是农产品品牌质量标准化体系的制定主体、服务主体，是品牌农产品重要的科技投入体，是农产品品牌注册和管理的主体，是农产品品牌的评价和监督主体，农产品国家品牌与农产品品牌国际化需要政府的支持。各国政府都制定并完善农产品质量标准体系、食品安全监测体系等来保证农产品的质量安全。由于农业本身的弱质性，需要社会各界的支持和帮助，尤其是政府的帮助，政府对农产品品牌建设环境起着决定性作用。首先，新品种、新技术的投入是农产品品质提高的必经之路，然而耗资巨大，除政府外的其他组织没有足够的能力主导该领域的科技创新。其次，农产品企业在市场中面临许多不利因素，尤其是在进行品牌推广过程中，需要政府力量对其予以支持和帮助。

（3）农业行业组织（协会）的职能

农业行业组织（协会）负责实施集体品牌的申报与管理，支持行业内农业企业品牌建设。农业行业组织（协会）为其成员收集和汇编有关供求等各方面的数据资料（包括农产品生产成本、价格、生产规模等各方面资料），最大程度发挥其人才资源优势、桥梁资源优势等，从而为农产品品牌建设企业提供支持。并且，农业行业组织（协会）帮助品牌农产品生产企业开展营销活动。由于农产品品牌具有较强外部性，一般农业企业个体不愿意积极开展营销活动。因此，这份责任就落到了行业协会身上，并且它也具备这样的资源优势。农业行业组织（协会）还能加强行业自律、维护品牌农产品经营企业利益。

（4）农户的职能

农户提供了农产品品牌的原材料，决定了初级农产品的质量安全。农产品品牌的原材料源自农户，农户在农产品生产过程中的行为决定了初级农产品的质量安全。在缺乏相关道德和法律约束的情况下，农户往往为了经济利益而放弃质量安全，政府和企业应当采取有效措施来引导和督促农户生产符合消费者需求的农产品。

（二）农产品品牌建设的总体要求

1. 指导思想

以培育区域公用品牌为主体，以建立农产品品牌目录制度为引导，以构建品牌农产品营销体系为载体，以特色农业资源、产业为依托，以现有传统优势品牌为基础，以科技创新为动力，以农业增效、农民增收为核心，大力实施农产品品牌战略，着力打造一批品质优、科技含量高、市场竞争力强的农产品品牌，实现价值链升级，提高农产品供给体系的质量和效率。

2. 基本原则

坚持市场主导，主动适应市场的多样化、个性化消费需求，以质量和效益为中心，不断提升品牌农产品的质量，最大限度实现品牌农产品的经济效益和社会效益。

以企业为主体，通过商标注册、质量管理、品牌培育、文化挖掘和科技创新等手段，创建自主品牌，努力打造以品牌价值为核心的新型企业。通过政府引导，协同共建，加强政策扶持，发挥政策导向作用，强化市场监管，创造有利于培育和发展品牌的社会环境，构建起"政府引导、企业主体、社会参与"的农产品品牌建设机制。依托各地资源优势、地域文化和产业特色，培育一批农产品知名品牌，提高农产品市场影响力和竞争力。

3. 目标任务

建立完善农产品品牌培育、发展和保护体系，形成标准化生产、产业化经营、品牌化营销的现代农业发展新格局，大幅增加品牌农业经济总量，着力构建以区域公用品牌和企业产品品牌为主体的农产品品牌体系，并提出具体目标。

（三）农产品品牌建设的具体措施

1. 做好发展规划

根据本地区产业发展现状、农业资源优势和文化特色，科学地制定农产品品牌发展规划，进一步明确农业主导产业、地方小宗特色农产品和农产品加工龙头企业的品牌创建数量、区域布局、发展定位和目标市场，构建结构合理、规模适度、特色各异、优势互补的农产品品牌体系，引导农产品品牌建设有序推进。重点围绕粮食、畜禽、蔬菜、水果、油料等优势产业，创建一批有影响力的知名品牌。

2. 夯实品牌建设的基础

开展主要农产品生产、加工与综合利用关键技术的研究与示范，创建一批推动农业产业拓展和农产品价值提升的关键技术和特色产品，全面提升农产品品牌科技含量。鼓励支持农产品加工企业、专业化冷链物流公司及其他新型农业经营主体建立农产品产地预冷库和冷藏库，加强终端冷链设施建设。推动项目、资金、技术、人才等要素向发展潜力大、带动能力强的主体集中，支持各类主体开展生产、销售等多形式、多内容的合作，实现多主体联合发展。引进高新技术、新兴业态和新型商业模式，促进产业融合，加快创新发展，延伸产业链、提升价值链。

3. 加强农业标准体系建设，推进农业标准化生产

根据国际标准、国家标准、行业标准和生产需要，修改、完善、提升现有各类农业生产技术规范和操作规程等地方标准。围绕粮食、油料、果品、花卉、蔬菜、食用菌、茶叶、中药材、畜产品、水产品十大产业，以知名区域公用品牌农产品和知名企业产品品牌农产品为重点和突破口，有计划、有步骤地制完成修订一系列可操作性强的农产品质量标准，提升品牌农产品的市场竞争力。支持新型农业经营主体开展"三品一标"认证，推进农产品商标注册便利化，实现品牌农产品质量标准体系全覆盖。

4. 强化农产品产地环境保护治理和质量安全监管

农业生产基地作为农产品生产的核心区域，其环境检测和质量管理工作至关重要。开展产地环境检测，可以确保农产品优良的生长环境，降低污染风险。同时，实施耕地质量保护提升行动，能够有效保护土壤资源，提高土壤肥力，为农产品提供优质的生长条件。化肥和农药的使用量零增

长行动，以及农作物病虫害专业化统防统治和绿色防控，都是减少农业面源污染、提高农产品质量的有效措施。

建立健全农产品质量安全监管体系，是确保农产品质量安全的必要手段。属地管理责任的落实，能够确保各级政府和相关部门对农产品质量安全工作的重视和有效执行。高毒农药定点经营、实名购买制度的推行，能够严格控制高毒农药的使用，减少其对农产品和环境的危害。农业投入品管理的强化，以及对违禁农药生产、销售、使用等违法行为的查处，能够确保农业投入品的安全使用，保障农产品的质量安全。检测机制的建立和完善，以及第三方检测体系的支持，能够提高农产品质量安全检测的覆盖率和准确性。产地和市场检测力度的加大，以及检测结果通报制度和质量诚信体系的建立，能够及时发现和解决农产品质量安全问题，提升消费者对农产品的信任度。

农产品质量安全追溯能力建设的加强，以及农产品条形码制度的推行，能够实现对农产品生产、流通等全过程的追溯和监管，确保农产品质量安全的可控性。品牌农产品质量认证和检测体系的完善，能够提升农产品的品牌价值和市场竞争力，推动农业产业的健康发展。

5. 培育、壮大农产品品牌创建主体

充分发挥产业优势、区域优势和特色优势，培育、壮大和保护农产品品牌。龙头企业、农民专业合作经济组织等品牌主体要拓展经营模式，加大农产品营销力度，增加市场占有份额。加快培育壮大农业企业、农民专业合作社、家庭农场等农产品品牌创建主体。做大、做强农产品加工龙头企业，重点扶持行业重点龙头企业技改扩建、上市融资，大力扶持农民专业合作社发展，深入推进省级示范社创建，鼓励农民合作社以品牌为纽带，开展土地、劳动力、资金、技术等要素入股。结合农村土地确权，依法有序推进土地向拥有品牌的专业大户、家庭农场集中，发展适度规模经营，促使农业品牌建设工作再上新台阶。

6. 建立品牌农产品营销推广体系，加大营销推介力度

创新营销推广手段，统筹谋划产品选择、品牌名称、渠道和营销策略、传播策略等，制定特色化、差异化的品牌营销推广战略，大力实施品牌农产品国内营销体系建设工程。通过展示展销中心、连锁店、主流超市、电商网络四种渠道覆盖全国营销网络。鼓励品牌企业以主要大中城市为支点，建设连锁店、专卖店等品牌营销宣传窗口。加大农产品电商平台建设力度，开通市、县品牌农产品特色馆，进一步扩大辐射范围，促进品牌农产品网上销售。

7. 挖掘、培育地理标志农产品

充分发挥地理标志农产品品牌化、区域性优势，加大地理标志农产品挖掘、培育和知识产权保护力度，促进地理标志品牌与产业协同发展。引导有资源优势、产业规模和市场知名度的地理标志农产品率先注册地理标志证明商标。加快地理标志农产品的品牌定位、技术革新和品种开发，深入挖掘商标潜力和文化内涵，全面提升地理标志农产品的市场竞争力。

8. 做好品牌的维护工作

品牌维护是指企业针对外部环境的变化给品牌带来的影响所进行的维护品牌形象、保持品牌的市场地位和品牌价值的一系列活动的统称。品牌维护是品牌战略实施中的一项重要的工作。

（1）品牌维护的意义

① 有利于巩固品牌的市场地位：企业品牌在竞争市场中的品牌知名度、品牌美誉度下降及销售、市场占有率降低等品牌失落现象被称为"品牌老化"。任何品牌都存在品牌老化的可能，而不断对品牌进行维护是避免品牌老化的重要手段。

② 有助于保存和增强品牌生命力：品牌的生命力取决于消费者的需求。

如果品牌能够满足消费者不断变化的需求，就说明这个品牌在竞争市场中具有旺盛的生命力，反之则说明该品牌可能出现老化。因此，不断对品牌进行维护，才能满足市场和消费者的需求，才能对品牌的生命力起到保存和增强的效用。

③ 有利于提高竞争实力：在竞争市场中，品牌的市场表现将直接影响企业品牌的价值。不断对品牌进行维护，能够使企业品牌在市场竞争中保持竞争力，进而对竞争品牌起到一定的抵御作用。

（2）品牌维护的措施

品牌发展经过形成期与成长期后，就进入了成熟期，即品牌业已发展成为国家级甚至世界级的著名或驰名品牌，这一阶段企业采取的品牌发展战略应为维护战略。品牌维护包括自我维护、法律维护和经营维护。

① 品牌发展的自我维护：品牌自我维护的手段主要融合在品牌设计、注册、宣传、内部管理及打假等各项品牌运营活动中。在品牌的设计、注册与宣传中，融入品牌的自我维护思想，这是在品牌创立阶段就应考虑的。因此，在品牌维护阶段，具体包括产品质量战略、技术创新战略、防伪打假战略与品牌秘密保护战略。

② 品牌发展的法律维护：品牌的法律维护包括商标权的及时获得、驰名商标的法律保护、证明商标与原产地名称的法律保护，以及品牌受损时的反保护。而"品牌受窘时的反保护"不仅因企业和产品不同而措施各异，而且使用的法律条款众多。因此，将法律维护定义为主要通过商标的注册和驰名商标的申请来对品牌进行保护。

③ 品牌发展的经营维护：品牌发展进入成熟期后，不仅要通过自我维护使产品得到不断更新以维持顾客对品牌的忠诚度，采取法律维护以确保著名品牌不受任何形式的侵犯，更应该采用经营维护手段使著名品牌作为一种资源能得到充分利用，使品牌价值不断提升。品牌的经营维护就是企业在具体的营销活动中所采取的一系列维护品牌形象、保护品牌市场地位的行动，主要包括顺应市场变化，迎合消费者需求，保护产品质量，维护

品牌形象，以及品牌的再定位。

强势品牌无一不是几十年如一日地坚守品牌对消费者的承诺，有些品牌的广告语始终如一，树立形象持续几十年甚至上百年。

（四）农产品品牌建设过程中的政府协助

1. 建立组织机构

成立农产品品牌建设工作领导小组，负责农产品品牌建设工作的领导、协调、督查和考评工作，积极构建"政府推动、部门联动、企业主动、社会促动"的农产品品牌建设长效机制。各相关单位要成立相应的组织机构，围绕发展抓品牌，抓好品牌促发展，创建"政府引导、企业主体、部门联动、专家咨询、社会参与"的农产品品牌建设机制。

2. 强化政策扶持

加大对农村产业发展专项资金中用于县域经济发展方面的扶持力度，重点支持农产品品牌建设。各级政策性投资担保机构要加大对龙头企业、合作社、家庭农场的支持力度，放宽担保条件，优惠担保费率。鼓励金融机构向农业企业提供以农产品品牌为基础的商标权、专利权等质押贷款。进一步完善政策性农业保险保费补贴政策，健全农业保险基层服务体系，不断扩大试点规模和险种种类。

3. 完善服务体系

各级农业农村部门要强化管理服务和技术指导，加强农产品品牌经济研究。有关部门要根据职责分工，密切协作配合，共同推进农产品品牌建设工作。坚持服务专业化的方向，加快构建公益性服务与经营性服务相结合、专项服务与综合服务相协调的新型农业社会化服务体系，为各类新型农业经营主体创建农产品品牌提供更多领域和更有效的服务。

第二节　控制农产品品牌建设风险

农产品品牌建设风险是指农产品经营企业在进行品牌创建过程中，由于出现不利因素而导致品牌建设活动受损，甚至失败的状态。

一、风险的类型

（一）环境风险

环境风险是指政治、经济、社会、技术等变化给企业带来的风险。农业是弱质性产业，对环境具有较高的依赖性。农产品营销活动与品牌创建必须不断适应所处的环境变化，否则任何一个方面的变化都可能会给农产品品牌建设活动带来不小的风险。

（二）市场需求风险

农产品市场需求总是在不断变化着，消费者行为习惯的变化、市场流行趋势变化等都会影响企业的经营，从而带来一定的风险。农产品品牌建设过程中，企业必须时刻保持灵敏的嗅觉，洞察市场的变化，有针对性地改变策略及产品、服务，才不会被市场淘汰。

（三）信息风险

农产品市场存在信息不对称。在完全竞争的市场结构中，价格完全发挥着对农产品生产活动的调节作用，农产品的供求很难实现真正的平衡，价格总是在上涨和下跌中波动，经济学上将这种现象称为蛛网效应。因此，农产品交易中各企业的信息不对称会给企业的品牌建设带来不小的风险，进而给企业带来损失。

（四）信用风险

信用风险又称违约风险，是指交易对象未能履行契约中的任务而造成经济损失的风险，比较常见的有合同违约、拖欠应付款等。农产品经营企业在选择交易合作伙伴时就应对合作伙伴进行信用考评，选择那些信用度良好的企业，以降低风险。同时，在与其他成员的合作过程中，也应注意相互关系的处理，并采取有效的法律武器维护自己的利益，以降低合作伙伴间的信用风险。

（五）产品风险

产品风险是指农产品在市场上处于不适销对路时的状态。如农产品品种选择不妥，消费者的需求发生改变；种养中病虫害给农产品带来的风险；产品质量不稳定或较差，引起消费者拒绝购买；品牌商标被侵权或被抢注的风险；品牌形成后疏于维护或维护不当而使信誉受损。

（六）定价风险

定价风险是因经营者为农产品制定的价格不当，导致市场竞争加剧，或消费者利益受损，或企业利润下降的状况。如不了解自己的产品销售给什么类型的消费者，尤其是对消费者需求能力和购买能力的错误估计，或者不顾及消费者对价格的认知，不了解自己将面临什么样的竞争对手，不顾及竞争对手对定价的反应，由此确定的价格，不管是高价还是低价都有可能会遭受消费者的拒绝。

（七）分销渠道风险

分销渠道风险是指企业所选择的分销渠道不能履行分销责任和不能满足分销目标而由此造成的一系列不良后果。如分销商的实力不适应农产品的销售条件，所处地理位置不好或分销商违反合同条款；分销商由于产品在储运、运输过程中导致的产品数量、质量或供应时间上的损失形成的风险；分销商的恶意拖欠和侵占货款，或无力还款造成的货款回收风险。

（八）促销风险

促销风险是指农产品经营者在开展促销过程中，由于促销行为不当或干扰促销活动的不利因素出现，而导致企业促销活动受阻、受损，甚至失败的状态，如广告投放没有达到预期的促销效果。

二、风险的控制方法

（一）风险规避

风险规避是指回避、停止或退出蕴含风险的渠道活动，避免承担风险所产生的后果。风险规避相对其他方法来说比较保守、比较消极。因为人们常说"风险越大，收益越大"，不承担风险，虽然避免了损失，但也失去了潜在的收益。这种方法一般用于发生概率非常大或者会引起严重后果的风险，对于那些重大风险应当采取规避的态度，不能"明知山有虎，偏向虎山行"。

（二）风险转移

风险转移是一种重要的风险管理策略，旨在将潜在的风险或损失从一方转移到另一方。在企业经营中，由于各种不确定性因素的存在，风险总是难以避免的。因此，通过风险转移，企业可以更有效地管理风险，减少潜在的损失。保险是风险转移的一种主要形式。通过购买保险，企业可以将某些风险转移给保险公司。保险的优势在于其覆盖范围广，可以涵盖多种类型的风险，且通常由专业的风险评估机构进行定价，具有较高的公正性和透明度。非保险转移则是另一种风险转移方式，这种方式通常涉及通过合同或契约将风险转移给非保险机构。非保险转移的优点在于其灵活性，可以根据企业的具体需求和风险特点进行定制。然而，这也可能带来更高的谈判成本和潜在的合同纠纷风险。在进行风险管理时，企业通常会结合使用保险和非保险转移两种策略。

（三）风险减轻

风险减轻是一种积极且有效的风险控制方法。它要求企业在接受风险的同时，通过深入分析和精准操作，控制风险事件发生的动因、环境、条件等，从而降低风险事件发生的概率或减轻风险事件发生后可能带来的损失。风险减轻主要针对的是那些可控风险，特别是运营风险，这些风险通常与企业的日常运营活动密切相关，通过有效的管理和控制，可以显著降低其发生的可能性或影响程度。在实施风险减轻策略时，企业首先需要深入了解风险的本质和危害程度，通过风险识别、评估等流程，找出导致风险存在的主要因素。然后，针对这些主要因素，制定具体的风险控制措施，如改进操作流程、加强员工培训、引入新技术等，以达到控制风险的目的。然而，在风险减轻的过程中，企业还需要注意风险的变动性。风险并不是一成不变的，一个因素的改变可能会引发其他风险因素的出现或变化。

（四）风险自留

风险自留是企业为了获取更高收益而主动承担其可承受范围内的一定风险的策略。虽然风险自留本身也存在一定的风险，但对于那些损失和概率较低的风险，采取风险自留是一种节约成本的方式，同时也可以为企业带来收益。通过风险自留，企业可以更灵活地应对市场变化和不确定性，而不需要依赖外部的保险或其他金融工具，从而节约了成本。尤其是对于那些损失和概率较低的风险，采取风险自留或风险减轻的方式，可以避免过度投入成本和资源。然而，企业在采取风险自留策略时需要进行合理的评估和管理，以确保自身的财务和经营稳健。这包括对风险的认知和评估，以及建立相应的风险管理机制和预案。同时，企业还应该密切关注市场变化和风险的演变，随时调整策略，最大程度地降低风险带来的负面影响。

第三节　农产品品牌延伸策略

一、实施品牌延伸策略的意义

在市场经济不断发展的今天，名牌代表着企业拥有的市场，在一定程度上也代表着国家的经济实力。品牌来之不易，尤其是知名品牌，需要耐心、勇气、财力、物力多方面、长时间地投入和培育。如何对现有品牌进行开发和利用，更好地发挥品牌效应，是企业经营战略中不可或缺的课题。利用品牌资源实施产品延伸，是农业企业常用的对农业品牌进行开发和利用的策略。很多农业企业正是因为成功地运用了品牌延伸策略，才取得了市场竞争的优势地位。从过去的实践来看，品牌延伸能给企业带来以下三大好处。

（一）借助品牌忠诚，降低新品入市成本

消费者品牌忠诚心理是品牌成功的重要基石之一，它确保了品牌在竞争激烈的市场中拥有稳定的消费者群体，并为新品的推出提供了有力支持。品牌忠诚心理的形成，往往源于消费者对品牌价值的深度认同、对品牌形象的积极评价以及多次满意的购买体验。当企业推出新产品时，利用消费者对原有品牌的忠诚心理，能够以较低的成本迅速打开市场。这是因为忠诚的消费者往往对品牌持有较高的信任度，他们愿意尝试并接受该品牌下的新产品。这种信任感不仅减少了消费者对新产品的疑虑和顾虑，还降低了企业在新品推广中的市场教育成本。此外，品牌忠诚心理还有助于提高新品开发的成功度。由于忠诚消费者群体对品牌的持续关注和支持，企业可以更加准确地把握市场需求和消费者偏好，从而在新品开发中做出更加

精准的决策。这不仅可以提高新品的市场接受度，还可以缩短新品的上市周期，为企业赢得宝贵的市场先机。

比如小康蔬菜，一开始的主打产品只有黄金樱桃西红柿，但随着品牌知名度和顾客忠诚度的不断提升，小康蔬菜逐渐把品牌延伸到黄瓜、芹菜甚至金手指葡萄等品类，利用原有的品牌效应，拓展了市场品类和份额，节省了大量的品牌宣传和培育费用，增加了企业收入，起到了一举多得的效果。

（二）扩大产销能力，提高市场占有率

一个著名且深受消费者熟知的品牌往往在市场中拥有较高的认同度，这种认同度可以促使消费者更愿意选择该品牌的产品或服务。同时，对于一个已经在市场上建立了良好信誉和知名度的品牌来说，其在产品进一步开拓市场和提高市场占有率方面扮演着重要的角色。

（三）发展规模经济，实现收益最大化

规模经济效益和品牌延伸策略在企业的经营发展中扮演着至关重要的角色。它们不仅有助于企业降低成本、扩大生产能力，还能提升品牌形象，进而增强整体竞争力，实现收益的最大化，规模经济效益是企业追求的重要目标之一。在理想的规模范围内，通过发展规模经济，企业可以充分利用资源，优化生产流程，降低单位成本，从而提高生产效率。这种效益的实现不仅可以增加企业的利润空间，还可以使企业更有能力进行技术创新和市场拓展，进一步提升整体竞争力，上海恒源祥公司就是一个很好的例子。通过利用老字号品牌的无形资产，恒源祥与多家绒线生产企业结成战略联盟，实现了专业分工生产和统一品牌销售。这种策略不仅优化了资产配置，提高了生产效率，还使得企业规模得以扩大，进而实现了收益的最大化，企业由此被国际羊毛局认定为全世界最大生产和经销全羊毛和混纺手编毛线的企业。当然这个策略如果要细分的话，应该归于品牌统一策略。

作为农业新型经营主体完全可以以品牌农业龙头企业为首，共同成立农业联合体企业，打造"一乡一业""一村一品"，甚至创建产业之都，以规模闯市场，靠联合求发展，向品牌要效益。这也是充分体现品牌延伸优势的有效手段。

二、采用品牌延伸策略存在的问题

（一）品牌延伸偏离定位，丢失原有优势

名牌农产品之所以能给消费者留下良好印象，与优先效应密切相关。消费者在购买商品时，他们中意的品牌会留下深刻印象，并将该品牌视作某一特定商品的代表。例如，一提到橙子就会想到褚橙，一提到辣酱就会想到老干妈，一提到牡蛎就会想到乳山牡蛎，这种例子比比皆是。这种优先效应使得消费者更倾向于选择他们熟悉和信任的品牌，而不是去尝试新的品牌或产品。然而，对于企业来说，要实施同一品牌延伸并不容易。一方面，如果企业试图用同一品牌推广各具特色、性能各异的产品，可能会导致消费者对该品牌的印象模糊，甚至失去对该品牌的兴趣。因此，在进行品牌延伸时，企业需要谨慎考虑如何保持品牌的一致性和稳定性，以免消费者产生混淆和困惑。另一方面，如果企业想要超越现有品牌的消费范围，创造新的市场需求，那么就需要考虑创建一个全新的品牌，重新塑造新的形象。这样可以避免现有品牌形象的混淆，同时也有利于企业在新市场中建立起自己的地位和声誉。

（二）品牌延伸关联后果一荣俱荣，一损俱损

当一个品牌在市场上建立了强大的地位和声誉时，它的产品会因为品牌效应而受益。这种品牌效应可以帮助企业增加销售额，并提高消费者对其产品的信任度和忠诚度。然而，如果品牌下的某一产品出现了问题，如质量问题或者营销策略上的失误，这可能会对整个品牌造成负面影响。消

费者的负面反应可能波及其他产品，损害品牌的声誉，导致销售额下降甚至市场份额的减少。这种株连效应对于企业来说是一种重要的风险，需要通过谨慎的品牌管理和风险控制来应对。

（三）品牌延伸强调规模，忽视差异

所有产品使用同一品牌在理想的规模范围内可以降低销售费用并增加企业收益，因为这样可以节省品牌推广和营销方面的成本，同时提高品牌的知名度和认知度。然而，消费者的需求是多样化和多层次的，不同的消费者具有不同的偏好和需求，因此，单一品牌可能无法满足所有消费者的需求。在市场上，低品牌忠诚者和无品牌忠诚者经常会发生品牌转移，这表明消费者对品牌的忠诚度可能并不高，他们更愿意根据自己的需求和偏好选择不同的品牌或产品。因此，为了满足不同消费者群体的需求，市场需要提供多个品牌，并且这些品牌之间需要拉开档次，具有一定的差异性。如果以同一品牌延伸，企业就只能留住那部分对该品牌忠诚度黏性较强的消费者，这样就难以取得理想的规模效益。

三、实施农产品品牌延伸策略的有效途径

（一）正确进行农产品品牌定位

在如今的市场环境中，同一种类的产品品牌层出不穷，消费者面临着越来越多的选择。要想使自己的产品在激烈的市场竞争中脱颖而出，获得顾客的认可，企业必须精准地定位和塑造自身的产品特色，以满足顾客的欲望和需求。品牌定位不仅是一个简单的市场策略，它更是企业核心价值的体现。一个成功的品牌定位能够准确地传达企业的独特性和优势，使消费者在众多品牌中迅速识别并选择该品牌。这种识别度的提升，无疑为企业开拓市场提供了有力的支持。

同时，品牌一旦定位，企业在市场拓展、产品开发等方面都需要与之

保持一致。这意味着企业所有的市场活动都应该围绕品牌定位展开，以确保品牌形象的统一性和连贯性。这种一致性有助于加强消费者对品牌的认知，提高品牌的忠诚度。兰格格乳业面对伊利和蒙牛几乎各占了中国半壁江山的"草原牛奶"强大品牌攻势，主动放弃了牛奶的硬拼，自觉地把自己的产品品牌定位为"草原酸奶"，并建立了内蒙古自治区"草原酸奶工程技术中心"，创建了"草原酸奶博物馆"，在首届草原酸奶大会召开以后，就基本实现了"草原酸奶"老大的战略目标。

（二）切实提升农产品品牌档次

品牌延伸策略可以通过利用已有品牌的声誉和影响，快速推出新产品并占领市场。而要成功实施品牌延伸，提升现有品牌的档次和培育主打农产品品牌是至关重要的。首先，建立和培养农业企业的良好信誉是品牌延伸的基础。企业的信誉涵盖了多个方面，其中诚信度尤为重要。无论企业类型如何，诚信度都是企业正常运营、发展业务及获得融资的基础。产品质量信誉、售后服务信誉、交货信誉等都会直接影响品牌的形象和声誉。因此，企业应该致力于提供高品质的产品和优质的服务，以树立良好的企业信誉。其次，除了提供优质产品外，多方面的服务也是品牌提升的重要组成部分。优质的售后服务、客户支持和交流渠道可以提高客户对品牌的信任度和忠诚度。这些服务不仅可以提高客户满意度，还可以为品牌形象的塑造和提升带来积极的影响。如"三只松鼠"在包装箱附赠的试吃包、封口夹、垃圾袋及开口器等小赠品；如"桃本桃"在包装箱内赠送的餐巾纸；如乳山牡蛎箱内赠送的牡蛎开口锥和手套等，都体现了企业服务的周到，让消费者感受到温暖，赢得顾客的赞誉。最后，要在经营和管理活动中融入企业形象的塑造。

（三）科学选择农产品品牌延伸领域

实践证明，品牌延伸能否取得成功，取决于以下几个条件：首先，技术创新能力是支撑品牌延伸成功的基础。企业需要具备相应的技术基础和人才储备，才能确保新产品在技术上与现有品牌相匹配，提升消费者对新品牌的认可度和信任度。其次，企业的管理和营销水平也至关重要。良好的管理和营销策略可以帮助企业更好地推广新产品，提高市场占有率，并保持品牌形象的稳定性和一致性。最后，充足的资本承受能力是品牌延伸成功的保障。品牌延伸需要投入大量的资金，如果企业没有足够的财力支持，就很难维持新产品的推广和市场运作，从而影响品牌延伸的效果。实施品牌延伸策略需要各项条件的全面配合，任何一项条件的不足都可能导致失败，互补性和平衡性是成功实施品牌延伸的关键。如果其中某项条件较弱，其他几项必须足够强大来弥补其不足，并且它们之间应该具有互补性，要相互支持。如果企业盲目实施品牌延伸策略，而没有充分考虑这些条件，可能会导致品牌形象混乱，进而影响到整个品牌的市场地位和声誉。

（四）实行农产品主副品牌策略

在主打品牌不变的前提下，为延伸的新产品增加副品牌，是规避延伸风险的有效手段之一。这样既可以使各种产品在消费者心目中有一个整体的概念，又能在各种产品之间形成一定的比较差异，使产品在统一中保持差异性。如农业企业招远市祥岭种植专业合作社，他们的主打农产品品牌是"齐山蜜薯"，同时也发展了"香糯玉米糁""欢乐颂草莓"等副品牌。

（五）以品牌巧命名施行品牌并用策略

如果一个农业企业最初在给自己的农产品品牌注册命名的时候，就采用和自己的企业同名的策略，如"小康蔬菜"，就是把他们的企业名称和品牌名称申请设定成一样的名字，那么小康蔬菜在进军新的农产品品类区块的时候，如小康蔬菜又生产了金手指葡萄，那他们就完全可以重新注册一个新的品牌，只要在市场营销的时候，在品牌名称前面冠以"小康蔬菜"这个单位名称即可，他们的新品牌就能享受所谓的"搭乘名牌列车"策略。

当然，这样做的前提是原有品牌必须是在消费者中具有较好的信誉度和品牌忠诚度的产品。

最后需要解释的是，农产品品牌延伸策略和品牌扩展策略是有一定区别的。农产品品牌延伸是指使用同一个品牌名称，成功地切入同一个市场的另一个区块，即将某一著名品牌或者某一具有影响力的成功品牌使用到与成名产品或原产品完全不同的产品上，凭借现有品牌产生的辐射力，事半功倍地形成系列名牌产品的一种品牌创立策略。而农产品品牌扩展是指农业企业新经营的产品类别在同一生产线上延伸扩展，其实也有人认为农产品品牌扩展就是指广义的品牌延伸。品牌扩展策略被很多农业企业视为拓展经营范围、提高品牌知名度的利器，并且纷纷采用。

如知名的互联网品牌"三只松鼠"，一开始创业的主打品牌产品是松子、碧根果、夏威夷果、腰果等坚果系列，因为品牌的精准定位，通过互联网社群的独特营销方式，品牌声名鹊起，后来逐渐把品牌延伸到和田玉枣、黑加仑葡萄干等新的干果系列，再后来继续延伸到花茶系列，几乎成为一个全品类的互联网品牌，这叫品牌延伸。而仅在瓜子这一品类，"三只松鼠"营销的瓜子就由原有的原味瓜子，不断拓展到五香瓜子、奶油瓜子等不同风味和口感的瓜子，这种在同一个品类的生产线上延伸的品牌产品，实质上应被称为品牌扩展。在现实的生产经营中，对于一些小的家庭农场来说，由于规模较小，能力相对不强，不太适合实施品牌延伸策略，而是更适合把一个品类做细、做全的品牌扩展策略（见图4-3-1）。

图 4-3-1　三只松鼠

第五章　农产品品牌的传播

农产品品牌传播之道是以纯正口感与质量为基石，通过多元渠道展现品牌魅力。本章为农产品品牌的传播，主要介绍了三个方面的内容，分别是农产品品牌传播基础、农产品品牌传播的传统方式、农产品品牌传播的最新手段。

第一节　农产品品牌传播基础

一、品牌传播的定义

品牌传播在农产品营销中扮演着至关重要的角色。农产品品牌传播不仅仅是简单地向消费者传递产品信息，更是在深入了解消费者心理的基础上，运用多元化的传播手段，与消费者建立情感连接，从而加深消费者对产品的印象，提升品牌认知度和忠诚度。在农产品品牌传播过程中，高效利用传播媒介是关键。通过精心策划和制作，将农产品的特色、优势及背后的故事以生动有趣的方式呈现给消费者，从而吸引他们的注意力和兴趣。同时，农产品品牌传播还需要注重提高品牌的知名度、认知度和联想度。

通过持续的传播活动，让消费者对农产品品牌形成深刻的印象，并在购买时能够联想到该品牌。此外，品牌传播还需要关注潜在消费者的需求，通过精准的市场定位和营销策略，将潜在消费者转化为实际购买者。

在农产品品牌传播中，与消费者建立稳定的关系同样重要。这需要通过优质的产品质量、周到的售后服务及定期的互动活动等方式，增强消费者对品牌的信任和依赖。只有建立了稳定的关系，农产品品牌才能在激烈的市场竞争中脱颖而出，实现长期的可持续发展。

二、精心打造品牌传播的内容

（一）准确定位传播对象

对于任何品牌来说，消费者永远排在第一位，了解消费者是谁、想要什么，才能精准地确定传播的内容。比如，近几年火遍全国的小龙虾，瞄准酷爱吃大排档和叫外卖的"70后""80后""90后"时尚潮流年轻人，在文艺界、出版界、电影圈等各个领域意见领袖的共同努力下，使小龙虾相关品牌的传播具有很强的话题性和传播力。

（二）精心筛选传播内容

品牌信息是否能够广为传播，对内容的精心选择是关键的一步。好的内容能够第一时间吸引人们的注意，成为大众话题，在消费者之间口口相传，或者引爆网络，成为潮流。对于内容的筛选可以遵循"五点"法则，即"热点、亮点、痛点、堵点、漏点"。具体而言，"五点"法则是指筛选内容时就要瞄准社会的"热点"，突出自己的"亮点"，找出同行业的"痛点"，堵塞服务上的"漏点"，打通与消费者沟通的"堵点"。

1. 瞄准社会的"热点"

瞄准社会"热点"指的是借势宣传自己，利用当前大众对流行话题。

重大事件的关注，将"热点"与自己的品牌相关联，借机宣传自己的品牌。这里有两个步骤，首先敏锐地抓住社会热点，其次寻找热点与自己品牌之间的关联。对于农产品来说，传统节日、体育盛事等通常是可以借势的"热点"。

2. 突出自己的"亮点"

突出自己的"亮点"就是显示出自己与别人不一样的地方，并且这种"不一样"是被消费者接受和受欢迎的。突出亮点可以运用"产地化""品质化"等技巧。"产地化"是要农产品借助产地优势，强调农产品品牌的血统，借用产地的特殊资源禀赋突出自身的产品品质。如西湖龙井、山西陈醋等。"品质化"是农产品要向精细化、精品化方向转变，从而为农产品品牌化发展创造品质基础和消费环境。例如，桐庐母岭的桂花酒，在安厨标准化的包装和品质化的管理下，小清新的包装让人眼前一亮。

3. 找出同行业的"痛点"

找出同行业的"痛点"，找出同一个行业里大家都存在的通病，通病往往是人们共同关注的问题，也是促进品牌传播有力的"武器"。例如，小龙虾餐饮行业的一个"痛点"是大家一直都质疑小龙虾的卫生问题，消费者担心小龙虾洗不干净。因此，小龙虾的品牌应该用"干净"来做文章。例如，"辣家私厨"是一个龙虾餐饮连锁品牌，提出的品牌传播口号就是"做最干净的小龙虾"。"辣家私厨"首先在干净上做文章，如小龙虾的剪头、去小钳子等；其次多次外出考察，利用微信公众号和微博等媒体，把小龙虾的货源、生产过程公布于众，让用户对干净又有了更直观的认识。

4. 堵塞服务上的"漏点"

农产品品牌大多涉及生鲜产品，在极力提高品牌知名度的同时，往往忽略了生鲜产品的质量和售后服务问题。首先，在质量方面，一是生鲜产品极易腐烂，影响产品质量。二是产品质量缺乏标准，冷链物流技术直接影响生鲜的损耗率，产品安全难以有效控制。其次，农产品销售的售后服务往往被忽略。以农产品电商为例，农产品电商的售后服务投诉率高。农产品电商的售后服务问题主要包括虚假宣传、久未发货、以次充好、物流延迟、下单容易取消难、退款难且款项未及时退回、售后服务差等方面。除了物流慢和品质差这两大可见的服务问题外，安全性如激素、药物残留等也是消费者普遍反映的问题。很多农产品电商花了很大力气去做营销，宣传有了，销售量提高了，但是产品质量和售后服务跟不上，导致前功尽弃。事实上，电商还是应该重在"商"而不是"电"，最终极的目标一定是高质量的产品和贴心的售后服务，不然一切前端的营销和流量都只是噱头和徒劳。

5. 打通与消费者沟通的"堵点"

对于很多新兴农产品品牌来说，与消费者沟通时的传统思维方式是"堵点"。以农产品电商为例，虽然现在到处都在宣扬互联网思维，但是大多农产品电商的运营者依旧用传统农业的思维与消费者沟通，即搭建一个平台，烧钱引流，流量变现购买力。消费者愿意从网上购买农产品，绝对不是出于满足日常三餐的需求，他们更重视农产品的健康、安全和特色。

农产品背后的品牌故事、种植者的大情怀、种植生长过程中的体验感等都是消费者关注的，这些都是品牌故事的素材，是品牌传播的主要内容。而绝大多数的农产品电商和传统商超一样，简简单单陈列商品，没有在本质上改变传统思维。就农产品电商产业而言，其核心消费者是白领和年轻阶层，这类人群有追求健康、时尚的消费倾向，尽力取悦、满足这类人群的诉求才是正确的沟通方式。如果非要纠结于经常逛菜市场的人们，那只能是吃力不讨好。因此，改变传统思维才能打通与消费者之间沟通的"堵点"。

好故事可以让消费者产生信赖感，愿意付更多钱。农产品背后的好故事有很多，都可以成为传承农业精神的正能量。

褚橙通过新媒体平台进行的信息整合传播，是一次非常成功的品牌营销策略。它充分利用了新媒体平台的优势，通过视觉和故事两个维度，将品牌的核心价值和情感诉求传递给目标受众，实现了品牌知名度和美誉度的提升。首先，褚橙在视觉维度上进行了精心的设计。通过展示褚时健的照片和他在哀牢山上精心培育冰糖橙的近况，让消费者对品牌背后的故事有了更直观、更生动的了解。其次，在故事维度上，褚橙讲述了一个充满情感的故事。这个故事将改革人物、哀牢山等关键词巧妙地串联起来，营造了一种感人的氛围。同时，褚橙新媒体营销团队还注重将信息传播导向对品质控制的注解。他们通过展示褚时健对品质控制的严格要求和对产品质量的执着追求，让消费者对褚橙的品质有了更深刻的认识和信任。这种对品质的强调不仅提升了品牌的形象，也增加了消费者购买的信心和决心。"褚橙进京"通过微博这一社交媒体平台，成功地引发了话题讨论和热度，吸引了大量网友的关注和参与。

第二节　农产品品牌传播的传统方式

一、口碑传播

口碑传播是指一个具有感知信息的非商业传播者和接收者关于一个产品、品牌、组织和服务的非正式的人际传播。大多数研究文献认为，口碑传播是市场中最强大的控制力之一。心理学家指出，家庭与朋友的影响、消费者直接的使用经验、大众媒介和企业的市场营销活动共同构成影响消费者态度的四大因素。

农产品消费是一种重在品质的消费，而品质只有经过体验才能被感知。感知的效果因人而异，只有满意的消费者才会积极地去为满意的产品做宣传，才能为品牌的推广做贡献。所以，口碑传播是农产品品牌推广最有效的手段之一。口碑传播的说服力比广告、促销等各类推广方式的说服力都要强，它比商家的产品广告及其他推广方式更容易为人们所接受。口碑传播也是企业推广的最高境界，让别人主动说好话，让消费者去为自己的品牌做推广。

在亲朋好友之间交谈的时候，出于信任，人与人之间往往是没有戒心的，可以说信息直接到达受众的心底，受众几乎是完全接受的。口碑传播主要发生在关系亲密友好的人们之间的日常交谈中，消费者在体验农产品后，在对农产品满意的情况下，会不自觉地将其推荐给身边的亲朋好友，亲朋好友会受到很深的正面影响。这种传播方式并不是刻意而为之，没有精心的准备，没有专设的技巧，也没有天花乱坠般的宣传，却是直达内心、最直接、最有效的一种推广方式。

当然，口碑传播方式并不是没有条件和成本的，它最大的要求就是企业一定要确保农产品的品质，让消费者自愿去推广该产品。反过来，如果消费者体验不佳，对某一农产品品牌有了不好的印象，消费者也会在亲戚朋友间有意无意地进行"传播"，这种负面的"传播"对农产品品牌的伤害也最大。

二、广告传播

（一）广告概述

广告是指为了某种特定的需要，通过一定形式的媒体，公开而广泛地向公众传递信息的宣传手段，是一种为了沟通信息、促进认识的传播运动。广告能够用最短的时间对品牌概念进行完整的诠释，并且通过大量的媒体投放让尽可能多的人知晓，是一种相对比较方便、快捷、精准的品牌传播手段。特别是对于农产品品牌而言，可以让消费者更加全面、快捷地了解农产品品牌，进而提高品牌知名度、信任度、忠诚度，塑造品牌形象和个性。因此，广告传播可以称得上是品牌传播手段的重心所在。

（二）广告在农产品品牌传播中的作用

1. 在短时间内建立较高的知名度

知名度是指某品牌在社会大众中的影响力，通常用该品牌在大众媒体上出现的频率来表示，品牌知名度的提高主要依赖于传播的力度。知名度是建立品牌的第一步，知名度相当于一种承诺，高知名度通常给人以大品牌的印象，是有品质的证明。

2. 建立正面的品牌品质认知度

品牌品质是消费者对产品或服务的一种全面评价，它涵盖了产品的功能特点、可信赖度、服务水准及外观等多个方面。而品质认知度则是消费者对某一品牌在品质上的整体印象和感知，这种认知往往来源于消费者使用产品后的直接体验和对产品技术、品质的主观感受。对于农产品品牌而言，品质认知度尤为重要。农产品作为日常生活消费品，其品质直接关系到消费者的健康和生活质量。因此，消费者在选择农产品时，往往会更加关注品牌的品质认知度。广告在农产品品牌传播中扮演着重要角色，但消费者更关心的是他们使用过或正在使用的农产品品牌的广告。如果使用后的品牌认知与广告相符，则原有的好感将会加深，消费者会更加信任这一农产品品牌，对品牌本身和自己的判断都很满意，成为该品牌的忠诚拥护者。

3. 培养顾客对农产品品牌忠诚度

有研究表明，成功的广告能极大地提高顾客的品牌忠诚度。对品牌忠诚形成的作用模式为：认知—试用—态度—强化—信任—强化—忠诚。就是说，由广告认知产生试用期望，而试用行为和试用经验形成决定性的态度。这种态度经品牌的广告而强化，被强化的态度如果总是肯定的，就会增加重复购买或重复使用的可能性。如果继续强化，重复购买或重复使用就会转化为对品牌的信任，形成品牌忠诚。忠诚的顾客会持续购买同个品牌，即使是面对更好的产品、更低的价钱也会保持忠诚。品牌忠诚度提高，就会有利于该品牌利润的大幅度增长。

4. 树立农产品品牌个性

一方面，品牌个性具有强烈的情感方面的感染力，能够抓住消费者及潜在消费者的兴趣，不断地保持情感的转换。品牌个性蕴含着其关系利益人心中对品牌的情感附加值，他们会将品牌与激动、兴奋或开心的情感联系起来。另一方面，购买或消费某些品牌的行为可能带有与其相联系的感受和感情。可以说任何一个占有一席之地的品牌，都必须尽可能地创造出让竞争者难以模仿或短时间内难以模仿的个性化品牌。最终决定品牌市场地位的是品牌个性，而不是产品间微不足道的差异。

（三）广告传播的基本策略

广告传播的基本策略指的是广告活动中，为实现广告战略而采取的各种手段与方法，是战略的细分与实施。从这一层面来看，广告传播的基本策略主要分为以下三个方面。

1. 广告定位策略

广告定位是指广告主通过广告活动，使企业或品牌在消费者心目中确定位置的一种方法。广告定位的目的是为企业和产品创造、培养一定的特色，树立独特的市场形象，从而满足目标消费者的某种需要和偏爱，以促进企业产品的销售。广告定位必须最大限度地挖掘产品自身的特点，把最能代表该产品的特性、性格、品质、内涵等个性作为宣传的形象定位，包括特色定位、文化定位、质量定位、价格定位、服务定位等。最终通过突出自身优势，树立品牌独特鲜明的形象，来赢得市场和企业的发展。

2. 广告创意策略

创意策略是广告中至关重要的一环，它涉及对产品或服务的特点、目标消费者的需求和期望，以及市场竞争环境等因素的分析和整理。通过深入了解这些信息，广告团队可以确定合适的主张和传达方式，从而有效地吸引目标受众的注意力并促使其采取行动。此种创意方法的出发点是产品，从产品出发去寻找消费者心中对应的兴趣点，即认为产品中必然包含有消费者感兴趣的东西。

3. 广告诉求策略

广告诉求策略是广告活动中至关重要的环节，它决定了广告如何引起消费者的注意、兴趣，并最终激发他们的购买欲望。广告诉求通过精准地作用于受众的认知和情感层面，有效地影响他们的行为。情理结合诉求策略则是理性诉求和感性诉求的有机结合，既提供客观信息，又激发情感共鸣。这种策略能够全面、深入地影响受众的认知和情感层面，使广告更具说服力和感染力。在产品广告活动中，广告诉求的选择应根据产品的特点、目标受众的需求及市场环境等因素进行综合考量。不同的产品可能适合不同的诉求策略，而同一产品在不同阶段也可能需要调整诉求策略。解决的是传播过程中"说什么"的问题，是整个广告活动成败的关键所在。

第一，感性诉求策略。感性诉求策略在广告中的应用是一种非常有效的方式，能够深入人心，触动消费者的情感，从而激发他们的购买欲望。通过聚焦于受众的情感动机，广告能够传达出与企业、产品服务紧密相关的情绪与情感因素，使受众在情感上产生共鸣，形成强烈的购买冲动。感性诉求策略的核心在于以人性化的内容与消费者建立情感联系。广告通过展现产品或服务所带来的愉快精神享受，让消费者参与其中，分享这份喜悦。这种情感上的共鸣，使得消费者对品牌产生偏爱，愿意选择并持续支持该品牌的产品。在实施感性诉求策略时，广告创意人员需要深入了解目标受众的情感需求和心理特点，找到能够触动他们情感的共鸣点。同时，还需要注重广告的创意和表现力，通过生动的画面、温馨的故事、动人的音乐等，营造出浓郁的情感氛围，使受众在情感上受到强烈的冲击。

第二，理性诉求策略。理性诉求策略在广告传播中的重要性不言而喻。它通过真实、准确和公正地传达产品或服务的信息，以引导受众进行理性的思考和决策。在这种策略下，广告的内容通常着重于产品或服务的特点、功能、性能等客观因素，以及与竞争对手相比的优势。通过清晰地展示这些信息，广告能够让受众更加理性地评估和比较，从而做出符合自身利益的决定。同时，理性诉求策略也可以在广告中采用正面的说服方式，直接告知受众购买某种产品或接受某种服务所能获得的利益，从而增强受众的信任感和购买欲望。例如，通过展示产品的性能优势、技术特点、使用效果等，让受众了解产品的实际价值，从而产生购买意愿。同时，广告也可以从反面进行说服，即揭示不购买产品或不接受服务可能带来的负面影响，以此来增强受众的购买动机。理性诉求策略注重以事实和数据为依据，通过清晰的逻辑和严密的论证来加强受众的认知和说服力。与情感诉求不同，它更侧重于逻辑性和客观性，通过提供具体的信息和合理的推理来引导受众进行理性思考。在广告传播中，理性诉求策略可以帮助品牌或产品建立信任和可信度，促使受众做出符合自身利益的决策。理性诉求分为几种类型，包括产品特征、竞争优势诱人的价格、新闻、产品/服务普及性诉求。诉求方式主要是通过对产品属性的高质量介绍从而吸引消费者，进一步增加自己的利益。一般高科技的产品会用到这种诉求方式，因为消费者在购买这些商品时主要考虑的是它们所拥有的真实价值，质量性能的好坏对他们来说是最重要的。不过，产品特征诉求对农产品来说，农作物的种植栽培技术、生产加工技术等也可以成为理性诉求的基本内容。

三、公关传播

公关传播强调以事实为依据，倡导诚实、朴素的传播方式。通过采用第三者或记者代言的形式，增强信息的可信度和说服力，从而更有效地传达目的。公关传播常常利用隐蔽的手法，以不引人注目的方式渗透到受众中，这有助于保持传播的自然性和真实性，避免被视为显眼的宣传。相比之下，公共关系对于品牌形象的影响不那么直接，往往是通过一些社会活动、新闻事件等来扩大品牌的知名度，树立起品牌积极、正面的形象。公共关系形成的传播效果虽然不像广告那样直接、明显，但是往往比较持久。农产品与一般商品相比，更需要赢得消费者的心理信任。特别是一些高端、绿色的农产品，由于消费者缺乏鉴定农产品质量的有效手段，因此在市场上往往会出现消费者对绿色、高质量农产品抱有怀疑态度的"柠檬效应"，而为了让消费者产生积极、正面的联想，并对品牌产生信任，公共关系的作用不容忽视。常见的公共关系传播手段有以下几类。

（一）活动赞助广告

有时候会良莠不齐，一些品牌的过度和失实的宣传使人们对传统媒体广告的信任度正在逐渐降低，对很多广告开始产生反感。赞助活动是指社会组织以不计报酬的捐赠形式出资或出力支持某项社会活动或某种社会事业的公关专项活动。当今社会，更多的企业已认识到，经营创造利润是企业的追求，而社会公益更是企业的责任和社会义务。赞助活动可以帮助企业树立良好的组织形象，可以培养公众对企业的情感，同时也能够扩大企业知名度、提高经济效益。常见的赞助活动类型一般有：赞助体育事业、赞助教育事业、赞助文化活动、赞助公益事业等。而品牌传播想达到"润物细无声"的效果，就要求品牌把一部分广告预算转变为公益服务活动。许多公司会主动支持周围的社区活动，以换取社区居民的好感，创造良好的销售氛围。企业还可以向公益事业和慈善机构捐赠钱或物提高品牌在公众心目中的美誉度。

（二）跟紧热点事件做宣传

全社会广泛关注的热点问题常常被品牌用来宣传、提升自身形象，尤其是那些涉及国家利益和荣誉的焦点事件更是被看成百年难遇的题材。曾有这样的说法：在通常情况下，投入 1 亿美元，品牌的知名度可以提高 1%；而赞助奥运，投入 1 亿美元，知名度则可以提高 3%。因此，奥运会几乎被所有企业看成是绝不能错过的"黄金营销期"。另外，在不损害公众利益的前提下，有计划地策划、组织、举办具有新闻价值的活动，创造公关新闻。为了制造这种特殊的传播效果，企业还必须把握公关活动素材的新闻点，科学认识并处理其公关活动素材，这样才能制造新闻热点，吸引新闻界和公众的注意与兴趣，争取到被报道的机会，并使所报道的消息尽量产生轰动效应，以提高组织的知名度、扩大社会影响力。

四、植入式传播

植入式传播的核心在于将品牌信息或符号自然地融入媒体内容中，使受众在不自觉的情况下接收品牌信息，从而增强对品牌的认知和印象。这种传播方式强调隐蔽性和与媒体内容的融合，避免过于显眼和生硬地植入，以免引起受众的反感和抵触。植入式传播的成功取决于植入的自然度和与内容的协调性，只有在不打扰受众观看或体验的前提下，才能有效地传递品牌信息。国内最早的影视植入广告是 20 世纪 90 年代家喻户晓的情景喜剧《编辑部的故事》中的道具——"百龙矿泉壶"。到 20 世纪 90 年代，伴随着中国电影产业化发展进程的步伐，植入式传播的发展也开始加快，电影、电视剧、综艺节目等都引入了植入式传播。根据植入的媒介内容，植入式传播可以分为以下几种类型：

（一）影视剧植入式广告

影视剧植入式广告，这一伴随着电影、电视等媒体兴起的广告形式，已经在现代社会中占据了重要的地位。这种广告方式通过巧妙地将产品或品牌融入影视剧情中，使观众在享受剧情的同时，不知不觉地接收到广告信息。

影视剧植入式广告作为一种有效的品牌推广手段，在中国传媒大学课题组所撰写的《2005年中国广告主营销推广趋势报告》中得到了详细的分类和阐述。这种广告形式通过巧妙地将产品融入剧情，让受众在欣赏剧情的同时，无意识地接收广告信息，从而实现了品牌的有效传播。剧中人所见、剧中人所感及剧中人的生活展示，这三种植入式广告形式各具特色。剧中人所见，是通过镜头捕捉产品，使产品在关键时刻成为焦点，从而吸引观众的注意力。这种形式往往能让观众对产品或其品牌标志留下深刻印象。剧中人所感，则是通过剧中人的情感和体验来传递广告信息，使观众在情感共鸣中接受品牌。而剧中人的生活展示，则是将产品自然地融入剧中人的日常生活中，通过展示他们使用产品的场景，让观众在潜移默化中接受广告信息。在现代题材的影视剧中，广告主可以借助剧中人的眼睛，向观众传递广告信息。这种形式的广告更加贴近观众的生活，更容易引发观众的共鸣。同时，把产品纳入剧中人的日常生活，通过影星在影片中表现出来的生活方式以及其所用的产品和品牌，可以潜移默化地影响消费者的心理，从而间接地促进产品销售。需要注意的是，植入式广告的真实感对于广告效果至关重要。出现在影视剧中的产品如果没有名称和商标，反而会让观众觉得不真实，从而影响广告效果。因此，在植入产品时，应注重产品的真实性和与剧情的融合度，确保广告的自然和流畅。

（二）电视节目交融式传播

电视节目交融式传播，即节目内广告，是一种高效且创新的广告形式，它实现了广告与电视节目的深度融合。这种广告形式在观众中产生了广泛而深刻的影响，其优势在于能够将品牌信息巧妙地融入节目内容中，使观众在享受节目的同时，自然地接受广告信息。交融式传播的具体形式多种多样，包括产品或品牌在节目中扮演角色、作为节目场景布置的一部分、在屏幕下方或右方出现企业标识或产品等。这些植入形式不仅丰富了节目的内容，也提高了广告的曝光度和接受度。其中，演播室背景板赞助是一种典型的交融式传播方式。通过这种方式，广告完全融入节目之中，使观众在观看节目的同时，无意识地接触到广告信息。这种广告形式有效地避免了观众对广告的抵触情绪，提高了广告的传播效果。娱乐类节目由于其广泛的受众群体和轻松的氛围，成为植入式广告的黄金宝地。这类节目通过轻松有趣的方式呈现广告内容，使观众在欢笑中接受品牌信息，从而实现广告与消费者的深度沟通。

（三）平面媒体广告植入

植入式广告在平面媒体中的植入种类大体可以分为两种：一是在书籍中植入；二是在报纸杂志中植入。

（四）即时通信产品中植入

微信、QQ 等都是随着互联网的普及而诞生的在线即时通信产品。大数据显示，即时通信 App 在各个软件中排名稳坐第一，意味着在人们无法拒绝通信软件的同时要接受广告的插入。

第三节　农产品品牌传播的最新手段

一、农产品品牌直播传播

（一）直播模式的兴起

直播作为近年来迅速崛起的新型营销模式，正以其独特的魅力和优势逐渐改变着传统营销的面貌。通过视频直播技术，直播以网络直播平台为载体提升了顾客价值，同时以顾客体验为中心，致力于增加产品销量、传播企业文化及提升品牌认知。相较于传统的营销方式，直播能够实时地与观众进行互动，让观众参与到营销过程中来。观众可以通过弹幕、评论等方式与主播进行即时交流，分享自己的看法和感受。这种互动不仅增强了观众的参与感，也使得营销过程更加生动有趣。通过直播，观众可以直观地看到产品的实物展示、使用效果等，从而更加全面地了解产品。这种直观性不仅增强了观众对产品的信任感，也提高了购买的决策效率。在直播中，主播可以模拟线下商店的场景，为观众展示产品的细节、使用方法等，使得观众仿佛置身于实体店铺之中。

直播带货作为一种新型的营销方式，通过互联网平台，运用直播技术，将商品展示、咨询答复与导购环节融为一体，为消费者提供了更加直观的互动购物体验。这种服务方式可以由店铺自己开设直播间，或由职业主播进行推介，为消费者和卖家之间搭建了一个实时交流的平台。直播带货具有显著的互动性优势。消费者可以在直播间中与卖家进行实时交流、提问、讨价还价，体验类似线下购物场景中的互动乐趣。这种交流方式不仅拉近了消费者与商品之间的距离，也增强了购物的趣味性和参与感。同时，直播带货在价格上也具有竞争力。由于绕过了经销商等传统中间渠道，直播带货往往能够实现商品与消费者的直接对接，从而提供更具吸引力的价格。对于网红直播而言，他们通过"秒杀"等促销手段，以最大的优惠力度吸引消费者，增加粉丝黏性，直播带货在农产品销售方面发挥了重要作用。许多农产品通过直播带货的方式，快速实现了从滞销到脱销的转变。乡村"土货"在直播中变成了"网红尖货"，解决了农产品销售难的问题，为农民带来了实实在在的收益。

（二）农产品直播的兴起

网络直播作为一种新兴的营销方式，自 2015 年以来在中国的发展可谓突飞猛进。从泛娱乐直播的普及，到 2016 年"中国网络直播元年"的爆发式增长，直播行业经历了快速的发展阶段。而在投资热潮过后，直播行业在 2018 年开始呈现出更为成熟和创新的态势，商业化布局逐渐清晰，内容形式也更为多样。随着技术的不断进步和市场的日益成熟，直播电商行业在近年来已经步入了平稳增长阶段。这一变化不仅体现了直播行业的生命力，也展示了其在商业领域中的巨大潜力。对于企业而言，网络直播已经成为一种不可或缺的营销手段。通过视频直播，企业能够更直观、更生动地展示自身的产品、形象、文化和服务，从而吸引更多的潜在客户。与此同时，网络直播的互动性也为企业与消费者之间建立了更为紧密的联系。通过直播中的互动环节，企业不仅能够及时获取消费者的反馈和需求，还能够增强消费者对品牌的认同感和忠诚度。这种口碑效应的形成，对于实现企业的营销目标具有重要的作用。在直播电商的推动下，各类商品也开始通过直播形式进行推广和销售。服饰箱包、"3C"类产品和生活类产品等成为直播推广的热门商品。而农产品电商和传统电商也纷纷加入直播和短视频的潮流中，通过电商平台进行直播带货，实现了农产品的快速销售和品牌推广。淘宝直播、抖音直播、QQ 直播等电商平台在农产品网络直播营销中发挥了重要作用。这些平台通过提供直播功能，为农产品电商提供了更为直接和高效的营销渠道。而第三方电商平台直播或短视频 App 直接跳转带货的形式，也成为农产品电商的常用手段。

（三）农产品网络直播优势

1. 直播形式更直观

直播与短视频的兴起，无疑为农产品营销带来了新的机遇。通过这些新媒体形式，顾客能够更直观、全方位、清晰地了解产品的生产与加工环节，从而大大提高了产品的可信度。商家利用移动电子设备进行随时随地的直播，使得消费者能够真实感受到产品的特点，对产品了解得更加深入，进而提高了对产品的信任度。在农产品营销中，直播与短视频的优势尤为明显。这些新媒体形式不仅可以让消费者看到产品的外观，还能深入了解产品的生长环境、种植和养殖过程等。此外，直播与短视频还具有用户高度集中、购买目的性更强的特点。消费者在观看直播或短视频时，往往已经对产品产生了一定的兴趣，因此更容易被引导进行消费。同时，边看边买的购物方式也大大提升了购物的便捷性和体验性。随着农产品直播网站的兴起和知名度的提升，越来越多的消费者开始接受并喜爱这种购物方式。农产品商家也看到了其中的商机，纷纷加入直播与短视频的行列，并利用这些新媒体形式进行产品推广和销售。

2. 销售形式更丰富

随着生活品质的提升，人们对于购物的体验与期待也在日益升级。单纯的商品介绍已无法满足现代消费者的需求，他们更追求个性化、情感化的销售方式。网络直播作为一种创新的内容形式，正以其独特的方式满足着这一需求。网络直播通过讲述产品背后的故事，以故事化的视频形式触动消费者的情感。这种情感共鸣不仅让消费者喜欢上产品本身，更让他们从内心深处认可产品，并自愿进行转发和购买。这种方式有效地传递了产品背后的文化故事和价值，使消费者在购买商品的同时，也能感受到品牌的温度与情感。与传统的广告形式相比，网络直播的销售推广方式更具吸引力。传统的广告往往以硬性推销为主，难以引起消费者的共鸣。而网络直播则通过真实、生动的场景再现，让消费者更直观地了解产品，并在情感共鸣中完成购买决策。

3. 产品竞争力增强

电商行业的竞争日益激烈，而农产品电商为了在这场竞争中脱颖而出，纷纷借助网络直播这一新兴推广方式。网络直播不仅为农产品电商提供了一个直观、生动的展示平台，还通过实时互动的方式，增强了消费者与产品之间的连接，有效提升了产品的竞争力。网络直播为农产品电商提供了一个全新的展示窗口。通过直播，农产品可以更加真实、生动地呈现在消费者面前。在直播过程中，消费者可以实时提问、发表评论，与主播进行互动。这种互动不仅有助于消费者更深入地了解产品，还能让电商卖家及时获取消费者的反馈意见，从而对产品进行针对性的改进。

4. 直播互动性强

相较于现场直播，网络直播的受众群体更为庞大，传播渠道也更加多元。这得益于互联网技术的快速发展和普及，使得网络直播能够跨越地域限制，将农产品展示给全国乃至全球的消费者。农业作为传统行业，长期以来面临着市场推广难、信息不对称等问题。而网络直播的出现，为农产品电商提供了全新的解决方案。通过网络直播，农产品可以以更直观、更简单的形式展现给消费者，消除了地域和时间的限制，让更多人了解和接触到优质的农产品。

（四）做好农产品品牌直播的技巧

1. 直播不仅卖产品，还要讲文化

农户在直播营销过程中，不是简单的直播产品，而是一同展示了农业文化和农产品。在直播中还要体现田园文化养生文化、生态文化等。毕竟，消费者在直播带货情景下购买农产品时，看重的不仅是产品本身，还要看直播中体现的品牌文化，消费者的需求已经从物质层面上升到了精神层面，不仅要吃出口味、吃出新鲜、吃出营养，还要吃出特色、吃出品位、吃出文化。农民一般选择在农产品成熟后，深入田间地头开始直播。一方面，让直播观众亲眼看到农产品的生长状况和生长环境，这种视觉上的直观感受要比语言上的描述要更加真实可信；另一方面，这种直播方式

还可以在田间地头展示田园风光、风土人情，让直播观众领略乡村文化。

具体来说，在农产品电商的直播过程中，播主（农户）巧妙地融入农村风俗、自然风貌和农民生活等文化场景，这不仅丰富了直播内容，更增加了其吸引力和趣味性。对于长期生活在城市的消费者来说，这些元素无疑为他们打开了一扇了解乡村文化的新窗口，满足了他们对自然环境和民俗文化的好奇与向往。农村的自然风光、清新的空气、四季更迭的农田景色，都是城市人难得一见的景象。通过直播镜头，播主将这些美景呈现在观众面前，让观众仿佛置身于乡村之中，感受那份宁静与美好。同时，农村的独特风俗和传统文化也是吸引观众的重要因素。例如，农家的节庆活动、传统的农耕仪式、民间的手工艺等，都让观众在欣赏直播的同时，感受到了乡村文化的魅力。除了文化场景的展示，播主还会分享一些农作物的种植常识和农具的使用技巧。这些实用性的内容对于城市中的年轻人和儿童来说，具有一定的教育意义。他们可以通过直播了解农作物的生长过程、农具的使用方法，从而更加珍惜劳动成果，理解节约粮食的重要性。

2. 与直播观众之间要有灵活的互动

直播互动就是能够与观众、粉丝之间找到共同语言，这样就能互动起来，多看弹幕，多回答观众、粉丝的问题。语言尽量幽默、生动，表情丰富，而且善于自嘲，利用自己的个性特点，显示一个淳朴的个人形象。具体的互动技巧如下。

第一，有礼貌，多感谢。直播时不要对观众爱答不理，这些都是没礼貌的表现，没有人喜欢看一个没有礼貌的人一直在独白。所以，在不降低表演质量的情况下，尽量多表示欢迎和感谢。如果收到礼物，不管多少，都尽量点名表示感谢，有人进入直播间，尽量表示欢迎。

第二，多一些表情和动作。失去表情和肢体动作的交流，就失去了一半的欣赏性，而表达应该是动态的享受。所以，在直播间和观众互动时，不仅要多说话，还要在说的同时多加一些表情和动作，让观众看到互动反馈，提高参与度。

第三，谈感受谈经历。很多人做单纯的聊天直播时经常不知道说什么，这时候就随便说一说自己在生活中遇到的好玩的或者奇葩的小事，然后针对这些事聊一聊自己的感受，再向观众发出提问。这种做法其实很受欢迎，还容易拉近和观众的距离。

第四，做互动游戏。直播时也可以玩真心话大冒险游戏，总会有好奇心强的人想玩，想知道别人心里想什么。适当给观众和粉丝机会，让他们提出他们想知道的问题，对某个话题产生兴趣，然后围绕这个话题展开更多的聊天，吸引更多人进入直播间。例如，猜猜看游戏。主播可以在直播间以聊天的方式开展这个游戏，非常自然，如列举几种食物，让大家猜猜自己最喜欢哪一种，自己提前写好答案，待大家猜完后揭晓，猜对有奖，如可以提问主播一个问题，让主播表演一首歌曲等。

第五，巧用连麦。连麦是直播间互动常用的技巧，尽量和粉丝比自己多或者差不多的主播进行连麦。连麦时不要害羞扭捏，大方自信一些。只要真诚沟通，逐渐就会有连麦的朋友。

3. 增加用户黏性，做好售后服务

农产品电商直播是通过网络信息技术进行的，对农产品本身和产地环境的真实展示。可以通过互动及一些互动形式，来加强主播与粉丝之间的联系。对于产品和主播本身的专业度也是非常重要的，直播主要是通过网络进行沟通，将用户与主播直接对话，要让用户知道农产品健康美味而且价格便宜。可以在平台上做一些营销活动，让粉丝在直播平台上购物。这样做的话就增加了用户黏性，为产品在市场上做了宣传。

直播平台是需要提供给消费者售后保障的，如果没有完善的售后服务体系，那么就无法保证消费者的权益不受侵害。因此，在直播过程中要加强服务意识，增强自身修养。

二、农产品品牌短视频传播

（一）短视频的定义与发展

短视频，这种时长通常在 5 分钟以内的互联网内容传播方式，近年来在互联网新媒体上迅速崛起，成为一种广受欢迎的信息获取和娱乐形式。与微电影和直播相比，短视频拥有其独特的优势和特点。短视频制作流程相对简单，制作门槛较低，使得更多的人能够参与到短视频的创作中来。这种低门槛的特性不仅激发了大众的创作热情，也促进了短视频内容的多样性和丰富性。短视频的参与性强，观众可以通过点赞、评论、分享等方式与创作者进行互动，这种互动性增强了观众的参与感和归属感，使得短视频在社交媒体平台上具有更强的传播力。其超短的制作周期和趣味化的内容能够迅速吸引观众的注意力，满足现代人快节奏、碎片化的信息获取需求。优秀的短视频制作团队通常依托于成熟运营的自媒体或 IP，通过高频稳定的内容输出和强大的粉丝渠道，实现了短视频内容的广泛传播和深度影响。通过展示乡村的风土人情、自然风光和农产品特色，短视频可以吸引大量城市游客的关注和兴趣，促进乡村旅游的发展。同时，短视频也为农产品销售开辟了新的渠道，通过直播带货、短视频推广等方式，帮助农民将优质的农产品销售到更广泛的市场。

随着现代生活节奏的日益加快，人们的时间变得愈发碎片化，长篇阅读已不再是大众获取信息的主要方式。短视频，作为一种新兴的内容形式，凭借其简洁、直观、有趣的特点，迅速占领了市场的制高点。它不仅能满足人们在短暂休息时间内获取信息的需求，还能以其独特的视听体验，为人们带来精神上的愉悦和满足。美食类短视频更是凭借其独特的魅力，成为短视频领域的一大亮点。在美食类短视频中，食物不仅是满足生理需求的物质，更是情感的载体，是文化的传承，是生活的艺术。这些短视频通过精美的画面、生动的情节和细腻的情感表达，将美食的色香味、烹饪的精湛技艺及餐桌上的文化礼仪展现得淋漓尽致。

（二）短视频品牌传播的优势

1. 短视频播放时间短，富有现场感

移动短视频以其独特的形式和内容，正日益成为现代生活中不可或缺的一部分。它的时长灵活多变，既可以长达几分钟，也可以短至几秒钟，这种特性使其非常适应伴随性和碎片化的观看场景。无论是等车、排队还是休息时，人们都可以轻松打开短视频应用，享受一段轻松愉快的时光。竖屏观看模式的流行也进一步推动了短视频的发展。相较于传统的横屏观看模式，竖屏使得手机观看更为便捷省力，无需调整手机方向或转动头部。这种舒适的观看体验使得竖屏短视频更受欢迎，也成了短视频领域的一种趋势。

2. 创作门槛低，人人可参与

短视频制作的简易性为大众提供了前所未有的创作和传播机会。一部智能手机，几乎就可以完成从录制到编辑，再到发布的全部流程，这种低门槛的特性使得人人都可以参与到信息生产与传播中来。短视频平台的智能化和傻瓜式操作模式，更是进一步简化了视频制作流程。用户只需一键拍摄视频，就可以利用平台提供的各种滤镜和音效进行美化，无需专业的视频编辑技能，也能创作出视觉效果良好的短视频作品。这种简单流畅的操作体验，使得老年人甚至儿童都可以轻松上手，成为自己生活的"导演"。这种转变不仅丰富了人们的娱乐生活，也提升了大众的信息素养和媒体素养。人们不再仅是信息的被动接收者，而是可以主动参与到信息的生产和传播中来，成为信息的创造者和传播者。这种转变不仅增强了人们的表达欲和创作欲，也促进了社会文化的多元发展和交流。

3. 用户黏性高，互动性极强

短视频的即时性和互动性是其独特且显著的特点，相较于图片和文字，短视频以其生动的画面感和丰满立体的内容，为用户带来了更为真实可信的观看体验。在短视频平台上，创作者发布视频后，可以通过一系列功能来增强与粉丝的互动。其中，"评论功能"允许粉丝对视频内容发表看法，提出疑问或分享感受，创作者则可以及时回应。这种线上讨论的形式有助于加深创作者与粉丝之间的联系，增强用户黏性。同时，"点赞功能"能够直观地反映出用户对视频的喜好程度，这种正向反馈能够激励创作者继续创作出更多优质的内容。此外，"转发功能"使得短视频的传播范围得以扩大，提高了传播效果。当一个用户觉得某个视频内容有趣或有价值时，他可能会选择将其转发到自己的社交圈，从而吸引更多的潜在用户观看。而"关注功能"则有助于将潜在用户转变为固定用户，当用户关注了一个创作者后，他们就可以随时接收到该创作者发布的最新视频，这种长期稳定的关注关系有助于形成固定的用户群体。这些功能不仅增强了创作者与用户的互动性，还极大地调动了用户观看的积极性。

4. 内容多元化，娱乐性强

短视频以其内容的多元化和形式的灵活性，正成为现代社交媒体中一股不可忽视的力量。它涵盖了技能分享、幽默搞怪、时尚潮流、社会热点、街头采访、公益教育、商业定制等各种题材，几乎涵盖了人们生活的方方面面。这种多元化的内容，使得无论男女老少，都能在短视频平台上找到自己喜欢的视频类型，满足了不同人群的观看需求。同时，短视频也为人们提供了一个展示生活中各种创意的平台。从自编自演的小情景故事，到各种生活技能的分享，人们可以通过短视频将自己的创意和想法展现给更多人。这种形式的创作和分享，不仅丰富了短视频的内容，也激发了人们的创作热情，使得短视频平台成了一个充满活力和创意的社区。此外，短视频还符合当前媒体移动化、可视化、社交化等发展趋势。随着智能手机的普及和移动互联网的发展，人们越来越倾向于通过移动设备获取信息和进行社交。而短视频作为一种直观、生动的信息传播方式，正好迎合了这种趋势。它可以让人们在短时间内获取大量的信息，同时也可以通过点赞、评论、分享等互动方式，与他人进行交流和分享。正因为这些特点，短视频在农产品推广及农产品品牌传播方面也具有独特的优势。通过短视频，偏僻、闭塞的乡村也可以打开与外界沟通的渠道，展示家乡的美景和特色农产品。这种形式的传播，不仅信息传送更便捷，还能让人们更加直观地了解农产品的实物和品质。

（三）农产品品牌短视频传播对策

1. 短视频内容主题化

在当今信息爆炸的时代，受众对于传统广告形式的接受度在下降，他们更倾向于寻找那些有趣、有情感共鸣的内容。因此，将品牌融入故事，实现内容 IP 化的策略，对于农产品品牌的传播尤为重要。农产品品牌通过讲述富有感染力的故事，可以将品牌的元素或价值主张传递给受众。这些故事可以围绕农产品的种植、生产、后期加工等流程展开，展现农产品从田间到餐桌的全过程，让消费者更加了解产品的来源和品质。在确定推广的农产品品类后，所有的视频内容应该围绕一个明确的主题展开，以实现内容的丰富化和深度化。这不仅可以使短视频传播更加聚焦和有力，还能在消费者心中形成深刻的品牌印象。通过讲述与主题紧密相关的故事，可以让消费者在享受内容的同时，自然地接受品牌信息，从而达到品牌传播的目的。

2. 打造农产品代言人

打造农产品形象代言人，与粉丝互动，从而培养用户黏性，是实现品牌人性化的快速途径。通过短视频营销，农产品可以充分展示其品牌文化和特点，吸引受众的注意力并传递所需的信息。短视频的形式使得品牌可以在短时间内向受众展示重点，同时通过视频内容向受众传递农产品的品牌文化，从而增加用户对品牌的认知和好感度。

3. 做优质短视频

视频质量无疑是吸引受众的核心要素，对于短视频而言，其魅力在于能够巧妙地融合生活与艺术，展现出令人赏心悦目的画面和情节。单纯的记录往往显得单调乏味，无法激起受众的兴趣，更无法满足他们日益增长的需求。趣味性成为短视频创作中不可或缺的元素，它能够使故事情节更加引人入胜，让观众在轻松愉快的氛围中沉浸其中。因此，在农产品推广中，鼓励创作者发挥想象力，创作出具有原创性的视频内容，这将有助于提升农产品的品牌形象和市场竞争力。原创视频能够展现农产品的独特魅力，让受众在欣赏视频的同时，对农产品产生浓厚的兴趣和好感。

4. 多平台投入

近年来，短视频平台的发展势头可谓风起云涌，百花齐放。在这个趋势之下，各大即时社交软件如 QQ、微信纷纷推出了短视频发布功能，使得用户可以更方便地分享生活中的点滴。与此同时，抖音、快手等短视频平台也异军突起，凭借其独特的创意和互动性，吸引了大量用户的关注。这些短视频平台的兴起，不仅丰富了人们的娱乐生活，更为农产品品牌传播提供了有力的支持。短视频平台具有极高的传播效率，与传统的文字和图片相比，短视频更加直观、生动，能够在短时间内传递大量的信息。这使得农产品品牌可以更加有效地展示产品的特点、生产过程以及背后的故事，从而吸引更多消费者的关注。例如，通过短视频展示农产品的种植环境、采摘过程以及产品的独特口感，可以让消费者更加直观地了解产品的优势，进而产生购买欲望。

5. 内容变现方式多样化

当前，我国农产品电商与实体经济融合，实现了多种线上与线下融合发展的路径和创新模式。这一创新模式的出现，无疑为农产品电商领域注入了新的活力，以平台为核心的农产品供应链模式受到追捧。传统的农产品销售模式往往受限于地域、时间等因素，而线上与线下的融合，则打破了这些限制，让农产品有了更广阔的市场。

随着技术的不断发展和消费者需求的不断变化，农产品电商与实体经济的融合将会更加深入。我们有理由相信，在不久的将来，农产品电商将会迎来更加美好的发展前景。

第六章　浙江省农产品品牌建设创新实践

本章为浙江省农产品品牌建设创新实践，主要介绍了三个方面的内容，分别是横路村"忠粮余作"品牌设计、临安山核桃品牌形象设计、丽水"处士"品牌设计。

第一节　横路村"忠粮余作"品牌设计

一、横路村"忠粮余作"品牌介绍

安吉横路村位于浙江省北部，地处山区，气候湿润，四季分明，为农作物的生长提供了得天独厚的条件。这里的土壤富含有机质，雨水丰沛，为各种农作物提供了充足的养分。这里盛产的农产品种类繁多，包括安吉白茶、毛竹笋、野山菌、蜂蜜、水稻等。这些农产品以其优良的品质和独特的口感，赢得了市场上的良好口碑。

除了提高产量和质量，农民还注重农产品的深加工和品牌建设。他们将农产品进行精细的加工和包装，使其更具吸引力。同时，他们还注册了自己的商标，打造了自己的品牌，提高了产品的附加值。这些举措不仅增加了农民的收入，也为横路村农产品的发展注入了新的活力。然而，横路村农产品的发展也面临着一些挑战。首先，由于交通不便，农产品的运输成本较高，影响了其市场的竞争力。其次，由于品牌知名度不高，市场拓展难度较大。针对这些问题，横路村的农民正在积极寻求解决方案。他们正在加强基础设施建设，提高农产品的运输效率，同时加大品牌宣传力度，提高品牌知名度。

从设计的角度来看，想要拥有新的产品形式与具有品牌识别能力的农产品品牌，最关键的是进行品牌创意与设计。总的来说，想要让横路村农产品宣传出去产生经济效益，就必须做好横路村农产品品牌的创意和设计。运用品牌效益提高横路村农产品的经济利用价值。本书试图通过横路村农产品"忠粮余作"，打造富于年轻化、趣味性的现代化农产品品牌设计。通过品牌化技术手段，在生态大米品牌建设中融入文创，让品牌更有乡土文化内涵，助力横路村乡村振兴。

二、"忠粮余作"农产品品牌设计

（一）"忠粮余作"农产品品牌设计思路

通过对安吉横路村农产品的分析，主要借助当地的生态大米把文创融入品牌建设中去，打造一款有特色的生态大米，通过数字化手段，让农产品结合当地资源衍生、开发，开发一套农产品品牌，设计出一套 IP、农产品包装、辅助图形、文创产品等，借助数字化平台开发，拓展乡村农产品，带动当地的经济发展，吸引更多旅客。

（二）"忠粮余作"农产品品牌风格定位

设计风格定位是强调作品发展途中需要运用到更全面的思维来分析方向，它可以赋予作品不同的个性，使其具有创新性，不同的设计风格能够给作品带来不同的效果，品牌设计需要具有创新性，保持独特性。品牌的核心主要包括品牌标志、识别系统、故事和一致性。"忠粮余作"品牌将打造一款有故事性、趣味性、年轻化及具有识别度的品牌形象。

"忠粮余作"农产品品牌是面向全部人群的，其中有一部分是针对年轻群体，颜色鲜艳，有较强的视觉效果，主要围绕生态大米的农产品开发，通过品牌化技术手段，在生态大米品牌建设中融入文创元素。让生态大米品牌有乡土文化内涵，视觉上年轻化、品牌运营与形象推广上数智化。

（三）"忠粮余作"农产品品牌形象设计

1. 标志设计

标志以字体为主，字体偏手写风，形式较为方正，表示像麦田一样的形状。字体颜色以黑色为主，以红、黄、绿为辅，其中红色代表的是横路村的红色文化、廉政文化，黄色代表的是水稻的以及其他粮食的颜色，绿色代表的是绿色文化、生态环境。广告语"忠于粮，稻余作"也能体现出余村人民对稻作的辛勤付出以及他们的忠心。

2. 辅助图形

品牌辅助图形在品牌设计和传播中扮演着重要角色。它们通常被视为商标设计中的一个组成部分，有助于提升标志和其他相关设计元素在特定媒介中的表现和扩大应用范围。

3. 文创产品

文创产品不仅可以通过创意设计将文化元素融入日常生活用品中，使人们在日常生活中能够接触到文化遗产，从而更好地了解和认同自己的文化根源，还可以促进当地的经济发展，文创产品通过多样性设计，满足了不同年龄、不同兴趣爱好消费者的个性化需求。"忠粮余作"品牌的文创产品包括了帆布包、日历、贴纸、吉祥物等。

吉祥物设计是一个品牌的标志，通过这个具有亲和力的吉祥物来让大众加深对品牌的印象，要想整合自己的品牌形象，就要做到新颖、独特、简洁；只有新颖、独特、简洁，才能脱颖而出，吸引人。吉祥物设计必须体现品牌定位和个性，与品牌整体融为一体，要有创造性。品牌吉祥物设计要有一定的寓意，应该是活泼的，充满趣味的。

吉祥物代表着横路村的茄子、水稻、青椒，并将其拟人化，"忠忠"代表的是横路村人民的忠心，"粮粮"代表着横路村的水稻，和"良"字也同音，"青青"代表的是清廉。通过吉祥物的表情包、插画、海报等让品牌更加生动形象（见图6-1-1）。

忠忠　　　　　　粮粮　　　　　　青青

图 6-1-1 "忠粮余作"吉祥物

4. 应用部分

应用部分主要包括海报的设计，海报是视觉的象征，是使用视觉语言将广告创意形象化表现的一种形式。海报更加直观、有趣，可以更好地强化自己的品牌，起到宣传的作用（见图6-1-2）。

5. 大米包装设计

包装设计不仅是为了保护商品，还包括了传达信息、塑造品牌形象、促进销售增长等多重目的，同时也兼顾了环保和可持续发展的理念，以及个性化和亲和力的表现。包装设计能够吸引消费者的注意力，激发他们的购买欲望。它可以通过视觉元素如色彩、形状和图像来传达产品的特性和价值，有助于消费者做出购买决策。包装设计还能够提升产品的附加值，增加售价和利润率，从而促进销售量增长。包装设计是塑造品牌形象的重要组成部分，它能够帮助品牌在市场上脱颖而出。通过巧妙的设计，品牌可以获得独特的品位和风格，提升品牌的美誉度和知名度。

图 6-1-2　"忠粮余作"海报设计

大米系列包装是采用色块、几何化形式，拼凑成一条鱼的形象，代表着横路村，色块也像是一块块农田，代表着横路村拥有丰富的水稻资源（见图 6-1-3）。

图 6-1-3　"忠粮余作"大米系列包装

第二节　临安山核桃品牌形象设计

一、临安山核桃品牌介绍

临安，坐落于浙西北，以其得天独厚的地理位置和丰富的自然资源，孕育出了独特的农业产业和文化。东邻杭州，西接黄山，南连富阳、桐庐和淳安，北靠安吉，临安不仅是距离上海、杭州等大都市最近的山区市，更是大自然赐予的宝藏之地。临安的自然环境独特而优美，以"九山半水半分田"的地形地貌著称，森林覆盖率高达 76.55%，是名副其实的"森林城市"。这样的地理环境为临安带来了丰富的农业资源，从海拔 9 米到 1787 米的不同地貌，使得临安农业呈现出多样化的特点。粮、油、林、竹、茶、桑、果、菜、畜、禽、渔等多业并举，为临安人民提供了丰富的收入来源。

在众多农产品中，临安山核桃无疑是最具代表性的特产之一。这种历史悠久、品质优良的山核桃，早在 20 世纪 20 年代便已闻名遐迩。临安人民凭借着对山核桃的热爱和执着，创造出独特的加工工艺和产业文化，使得临安山核桃成为市场上备受追捧的名优产品。临安山核桃的成功，离不开临安区优良的自然生态环境。这里的气候、土壤和水分条件都非常适合山核桃的生长，使得临安山核桃具有独特的内在品质。同时，浓郁的浙西民俗也为临安山核桃赋予了深厚的文化内涵，使得这一特产不仅仅是一种食品，更是一种文化的传承和展示。为了进一步推广临安山核桃产业，临安每年都会举办盛大的山核桃文化节。这一活动不仅吸引了众多游客前来品尝和购买临安山核桃，更为临安提供了一个展示自身特色和文化的舞台。通过山核桃文化节，临安山核桃的知名度和美誉度得到了进一步提升，也为当地经济发展注入了新的活力。近年来，临安以产业基础为依托、以科技创新为支撑、以品牌创建和市场开拓为重点，不断加强山核桃产业的发展。通过引进先进技术和设备，提高山核桃的加工水平和产品质量；通过加强品牌建设和市场推广，提升临安山核桃的市场竞争力和知名度。如今，临安山核桃已经成为具有一定知名度的区域品牌，为当地农民带来了可观的经济效益。

二、临安山核桃品牌建设现状与存在的问题

（一）临安山核桃品牌建设现状

近年来，临安市政府、林业部门及临安山核桃产业协会加大了对农产品品牌建设的力度，每年都积极开展"中国山核桃文化节""农产品区域品牌建设论坛""中国坚果炒货食品分销高峰论坛"等活动，也会组织企业品牌积极参加"中国义乌国际森林产品博览会""浙江省农业博览会"等展销会。通过展销会等活动形式集中展示了临安山核桃的质量与品质，促进了各地区间的贸易合作，扩大了临安山核桃的市场流通，提高了区域品牌的知名度。2020 年 9 月 7 日，临安山核桃开杆节在龙岗镇举办，当天通过各类电商平台售出各类核桃产品达 5 300 千克，售卖金额超 60 万元[①]。

（二）临安山核桃品牌建设存在的问题

首先，部分企业品牌定位不够准确，脱离自身实际情况，盲目追随市场潮流，无法体现品牌个性。部分企业对农产品的特点了解不够深入，也不清楚如何针对农产品的自身特点进行品牌形象建设。目前临安山核桃市场上的多数中低端品牌的认知度较低，品牌形象人云亦云，同质化情况严重。其次，品牌主体对于品牌形象建设的认知和理解尚不全面。一般情况下，品牌形象的建构需要长期规划，短期收益并不显著。品牌主体如果在投入后未能产生立竿见影效果的情况下提出举措，会在很大程度上影响品

---

① 徐莎莎，程晋亮，高敏，等.农产品电商发展现状与优化对策研究——以临安山核桃为例［J］.中国农业会计，2023，33（8）：103-105.

牌形象设计工作的展开。

三、临安山核桃品牌形象设计策略

与其他农产品品牌形象的建设途径一样，临安山核桃品牌形象的发展也经历了创立品牌、注册商标、品牌宣传等环节，取得了较大的发展，消费者对临安山核桃的认知程度也在不断提升。

（一）树立品牌形象建设意识

政府、相关部门及临安山核桃产业协会应树立起品牌形象建设的意识，有计划性、有目的地、系统性地设计临安山核桃的区域品牌形象。建设品牌形象前，可邀请相关学科的专家、学者对目前临安山核桃区域品牌形象发展进行诊断，提出品牌形象建设的意见。

（二）导入整体品牌形象

区域品牌形象设计需要进行长期规划，并开展深入细致的品牌战略。临安山核桃作为当地的特色农产品，其品牌形象设计尤为重要。在设计之初，对临安山核桃的产品特质、文化内涵进行深入调查和分析是不可或缺的步骤。通过了解山核桃的生长环境、独特口感、营养价值及相关的历史传说和文化故事，我们可以提取出最具有代表性和吸引力的元素，作为品牌形象设计的核心。首先，对临安山核桃进行统一命名是至关重要的，它能够使消费者对产品形成一致的认知。接下来，设计临安山核桃区域品牌的标志是关键的一步。标志应该简洁明了，能够直观地传达出临安山核桃的特色和品质。围绕标志图形，我们可以展开品牌形象基础部分的设计工作，如标准字、标准色、辅助图形、辅助色及品牌角色等。这些设计元素应该与临安山核桃的特色紧密相连，形成统一而独特的视觉形象。同时，临安山核桃产业协会可以制定相关条约规定，允许符合规定的企业单位使用区域品牌的标志作为品质认证。这不仅能够提升整个产业的形象和信誉，还能够加强消费者对产品的信任感。在基础部分设计完成后，我们可以进一步开发区域品牌的应用部分，这包括广告设计、宣传册设计、网站设计等。这些应用部分的设计应该与基础部分保持一致，并能够灵活应用于不同的媒介和场合。例如，在广告设计中，我们可以运用临安山核桃的形象和元素，创作出吸引人眼球的宣传画面；在宣传册设计中，我们可以详细介绍临安山核桃的产地、品质、口感等信息，让消费者更加了解产品；在网站设计中，我们可以构建一个具有临安山核桃特色的品牌形象展示平台，吸引更多消费者的关注和购买。另外，在设计过程中，我们要注重区域品牌形象设计的普适性。设计不宜过于复杂，要考虑到适用于不同场合和不同企业的需求。同时，我们也要考虑不同阶层消费者的接受能力，确保品牌形象能够广泛传播并受到消费者的喜爱。

（三）区域品牌的传播

针对目前国内消费者对临安山核桃知晓度不高的问题，从品牌传播的角度出发，需要加大对临安山核桃的宣传力度。首先，结合临安本地的历史、地理文化，拓展"临安山核桃"内涵的深度与广度。临安地处山区，有着独特的地理环境和人文背景，这些都可以成为品牌传播的亮点。例如，可以讲述临安山核桃的种植历史、传统加工技艺及与当地民俗文化的关联，从而增加品牌的故事性和文化内涵。其次，设计独特的广告语，并与"临安山核桃"的地理标志配合使用。广告语应简洁明了，能够准确传达临安山核桃的品质特点和文化内涵。通过在各类广告媒介中使用这一广告语，可以加深消费者对临安山核桃品牌的印象。由于电视广告与大宗媒介的宣传费用较高，政府、相关部门与协会作为区域品牌的主体，应发挥积极作用。他们可以组织一系列宣传活动，以扩大临安山核桃的知名度。此外，政府还可以出台相关政策，扶持临安山核桃产业的发展，提高产业的整体竞争力。最后，区域品牌的有效传播不仅有利于提升临安山核桃的品牌价值，还能带动整个产业的发展。通过加强品牌传播，可以吸引更多消费者的关注和购买临安山核桃，从而推动产业的扩大和升级。同时，品牌价值的提升也将为临安山核桃企业带来更多的商业机会和发展空间。

第三节　丽水"处士"品牌设计

一、"处士"品牌介绍

"处士"品牌位于浙江省丽水市莲都区天堂山林区，丽水有着丰富的中草药资源及林木资源、中草药资源，位居浙江省首位。得天独厚的地理环境及天然条件使得丽水孕育了大量的野生动植物，丽水市的中药资源也十分丰富。目前，"处士"品牌旗下的产品包括鱼腥草、铁马鞭、覆盆子、石香薷、山苍子、盐肤木子、灵芝系列、南五味子、金银花、黄精、杜荆叶、豨莶草、林泽兰、地葱、小香勾（条叶榕）、食良草（柳叶蜡梅）、败酱草、夏枯草等。

二、"处士"品牌定位与品牌设计

（一）"处士"品牌定位

"处士"品牌源于丽水古称处州这一深厚的历史文化底蕴，汲取了古代处士的德才兼备与隐逸精神。在现代农产品市场中，"处士"品牌以其独特的定位和美学设计，成功脱颖而出，成为消费者心中的独特存在。品牌的核心理念在于"传统中式美学"与"中华民族传统的农耕思想"的完美结合。这种结合不仅体现在产品的独特配方和原生态特性上，更在品牌的视觉形象和文化内涵中得到了深刻体现。"处士"品牌的产品，如中草药、茶叶等，都蕴含着丽水大地的灵气和人文特色，每一款产品都是对中华传统农耕文化的一次致敬。

在品牌视觉形象的设计上，"处士"品牌更是别出心裁。零售包装系列以产品为插画素材，采用木刻元素与莲花底座形状相结合的设计，使整体画面充满了复古与中式特色。这种设计不仅美观大方，更在细节中体现了品牌的传统美学追求。礼盒设计则更加注重品牌文化的传递，结合"处士"品牌的辅助图形和传统中式插画，让消费者在欣赏礼盒的同时，也能感受到品牌深厚的文化底蕴。"处士"品牌的成功，不仅在于其产品的独特性和高品质，更在于其对传统文化的深入挖掘和创新运用。品牌通过独特的商业标志和视觉形象，成功地与消费者建立了情感价值上的认同，拉近了与消费者之间的距离。在未来的发展中，"处士"品牌将继续坚持其独特的定位和美学设计，不断创新和完善，为消费者带来更多高品质、高文化价值的农产品。

（二）"处士"品牌设计

1. "处士"品牌标志设计

根据消费者对"处士"品牌重塑的期望和品牌背后的历史文化，新的"处士"品牌标志设计需要更加深入地挖掘和融入地域文化元素，以提升品牌的审美性和文化内涵。从设计思路来看，新的设计已经充分考虑了"处士"品牌的标志性符号、地域文化特色及产品属性，这是一个很好的起点。在标志设计中，莲花形边框的运用不仅增加了设计的艺术感，还通过谐音字"荷"与"和""莲"与"联"传达出和谐、团结的品牌理念。同时，破开莲花边框的处理使得标识设计更具动态感和舒适度。简化处理的山和云这两个元素，以线条感的形式增强了图形的立体感，使得整个标志更加生动和富有层次感。应星楼的加入，不仅丰富了标志的视觉元素，还进一步强调了"处士"品牌的地域特色和文化底蕴。放大"处士"星座的形象，更是突出了品牌的命名和所代表的含义，使得消费者能够一眼认出并记住"处士"品牌。在色彩应用上，从蓝到绿的渐变色选择非常恰当。蓝色代表着天空和宁静，绿色则象征着自然和生态，这两种颜色的渐变不仅突出了"处士"当地的自然生态和优美环境，还与品牌的属性和产品特性相吻合（见图6-3-1）。

图 6-3-1 "处士"品牌标志设计

2. "处士"品牌包装设计

"处士"品牌的系列化礼盒包装设计旨在通过统一的色彩、图案和设计风格，让消费者轻松辨识其产品，并建立起与品牌的情感连接。这种系列化包装策略不仅有助于品牌在市场竞争中的突出表现，还能够满足消费者的审美需求，提升他们对品牌的信任度。同时，这种一贯的包装设计风格有利于宣传"处士"品牌的产品，提高品牌声誉。此外，系列化包装不仅能够降低设计和制作成本，还能够在商品展示架上吸引更多目光，使产品在竞争激烈的市场中脱颖而出。

（1）白茶礼盒设计

"处士"品牌白茶礼盒的设计充分融合了品牌的文化理念、纯天然有机的农产品特性以及高雅的品牌气质。礼盒的封面设计（见图6-3-2）不仅展现了中华传统文化中的天人合一、贵和尚中的理念，还通过图形装饰与创意、色彩冷暖的视觉元素，实现了整体的和谐与平衡。在设计过程中，

图 6-3-2　白茶礼盒设计

"处士"品牌注重图形元素的运用，通过简洁而富有内涵的图案，表达了品牌对自然、和谐与统一的追求。同时，色彩的选择也至关重要。蓝绿色作为品牌色，不仅与白茶的自然属性相契合，还通过色彩的统一，强化了"处士"品牌的视觉识别度。这种优美和谐的色调不仅易于被消费者所接受，还能巧妙地激发消费者的购买欲望。此外，"处士"品牌白茶礼盒的设计还注重细节的处理。从笔画的映带之势到顾盼之姿，每一个细节都经过精心打磨，既注重个体的存在，又兼顾整体的和谐。

（2）中药材包装设计

"处士"品牌中药材简易包装设计（见图 6-3-3），选用了简单的标签附着于卡纸包装之上，再用钉扣相衔接。在标签的设计上选用了异形的标签卡（见图 6-3-4），为了更加贴近"处士"品牌，在色彩上选用了"处士"品牌的品牌标准色，形状上选择了与"处士"品牌 Logo 相一致的莲花形边框，使"处士"品牌在包装上显得整体统一。每张不同的标签卡都采用不同的中药产品插画，提高了消费者对"处士"品牌的辨识度，使消费者在不断使用产品的过程中认识并了解"处士"品牌，达到"处士"品牌的地域宣传效果。

图 6-3-3　中药简易包装设计

图 6-3-4　标签卡设计

参考文献

[1] 陈淑，徐东森，姚光宝. 农产品品牌建设［M］. 济南：济南出版社，2020.

[2] 戴程. 农产品品牌建设与营销［M］. 厦门：厦门大学出版社，2019.

[3] 李伟越，徐青蓉，杨清. 农产品品牌建设［M］. 北京：中国农业科学技术出版社，2020.

[4] 宋宇，李军安. 农产品品牌建设［M］. 郑州：中原农民出版社，2021.

[5] 张光辉. 农产品品牌建设案例精选［M］. 广州：暨南大学出版社，2022.

[6] 许安心，郑秋锦，林榅荷. 农产品品牌战略与传播［M］. 北京：新华出版社，2022.

[7] 王文龙. 中国地理标志农产品品牌建设研究［M］. 北京：中国社会科学出版社，2018.

[8] 李建军. 农产品品牌建设基于农业产业链的研究［M］. 北京：经济管理出版社，2014.

[9] 刘玉军，郭艳红，罗传贵. 农产品营销与品牌建设［M］. 北京：中国农业科学技术出版社，2023.

[10] 包乌兰托亚，李中华. 农产品营销与品牌建设［M］. 北京：中国林业出版社，2020.

［11］柳晨阳，杨挺，孙雨欣. 乡村振兴背景下农产品区域品牌建设策略研究［J］. 中国集体经济，2023（36）：9-12.

［12］文爽. 山西乡村振兴中的农产品品牌建设研究［J］. 山西农经，2023（22）：176-178.

［13］侯菊芳. 基于农业产业链的农产品品牌建设模式探究［J］. 甘肃农业，2023（11）：95-98.

［14］刘庆华，姜梦奇，康泽荣. 网络视频直播与品牌建设路径研究——以河南农产品品牌为例［J］. 老字号品牌营销，2023（22）：6-8.

［15］孙凤临，孙瑞隆. 乡村振兴背景下地理标志农产品品牌建设影响因素研究［J］. 湖北农业科学，2023，62（10）：218-222.

［16］陈旭. 苏州市吴中区特色农产品品牌建设路径探析［J］. 上海农村经济，2023（10）：45-46.

［17］段瑞龙. 政企协同视角下农产品品牌建设路径研究——以陇南市为例［J］. 现代农业研究，2023，29（10）：29-32.

［18］唐永军. 县域农产品品牌建设对策探讨［J］. 现代商业，2023（21）：11-14.

［19］张素凤. 鞍山市千山区农产品品牌建设探析［J］. 山西农经，2023（17）：160-162.

［20］丁业银. 富硒农产品品牌建设现状与形象提升策略——以江西宜春为例［J］. 宜春学院学报，2023，45（8）：47-51，100.

［21］马红玲. 莒县油桃产业品牌建设策略研究［D］. 济南：山东建筑大学，2019.

［22］杨艺媛. 广西富硒农产品品牌建设研究［D］. 南宁：广西大学，2019.

［23］任婷婷. 宁夏农产品品牌建设的现状及提升对策研究［D］. 咸阳：西北农林科技大学，2018.

［24］梁丽君. 连州菜心特色农产品品牌建设研究［D］. 武汉：湖北工业大学，2017.

［25］刘嘉玉. 林甸县绿色农产品品牌建设问题及对策［D］. 大庆：黑龙江八一农垦大学，2017.

［26］陈颖. "万州红桔"特色农产品品牌建设研究［D］. 长沙：中南林业科技大学，2017.

［27］罗芳. 宁夏特色农产品品牌建设研究［D］. 宁夏：宁夏大学，2016.

［28］彭彬. 湖南产业化龙头企业农产品品牌建设研究［D］. 长沙：湖南农业大学，2015.

［29］刘婷. 河南省农产品品牌建设策略研究［D］. 新乡：河南师范大学，2015.

［30］刘铭徐. 浙江省农产品品牌建设的对策研究［D］. 杭州：浙江大学，2014.